LA JEUNESSE

DE QUELQUES

HOMMES CÉLÈBRES

—

4ᶜ SERIE IN-12

Il réunissait les enfants du village et les conduisait
à la bataille.   (P. 6.)

LA JEUNESSE

DE QUELQUES

HOMMES CÉLÈBRES

PAR

H. DE FONT-RÉAULX

LIMOGES

EUGÈNE ARDANT ET Cie

ÉDITEURS

LA JEUNESSE

DE QUELQUES

HOMMES CÉLÈBRES

DUGUESCLIN

Bertrand Duguesclin, l'un des plus remarquables hommes de guerre de notre pays, naquit au château de la Motte-Broon, près de Rennes en 1314. Sa famille, alliée aux Rohan, aux Craon et plusieurs autres familles féodales de la Bretagne, s'était fait remarquer par sa bravoure lors de la première croisade.

Bertrand était l'aîné de dix enfants. Il était laid, il avait des yeux verts, le nez camus, le teint noir, il était méchant et sa mère disait « qu'il n'y avait pas de plus mauvais garçon au monde. » On lit dans une vieille chronique au sujet de Duguesclin les vers suivants :

> Mais l'enfant dont je dis et dont je vois parlant,
> Je crois qu'il not si laid de Resnes à Disnant.
> Camus estoit et noir, malotru et manant.

Dès le bas âge il manifesta un penchant très prononcé pour les combats ; il réunissait les enfants du village, les divisait par petites bandes et les conduisait à la bataille contre des adversaires des villages voisins. Ces luttes d'enfants n'étaient pas sans danger et, bien souvent, le jeune Bertrand reçut de rudes coups. Son père, pour réprimer ses mauvais penchants, fut obligé de l'enfermer pendant plusieurs semaines. Il ne fit aucune étude classique, ainsi du reste qu'il était d'usage en ces temps-la, dans les familles féodales. Son éducation, comme celle des jeunes seigneurs de l'époque fut toute physique. Pour préparer les jeunes guerriers au dur métier des armes on les exerçait, tous les jours, aux fatigues corporelles, la marche, le saut, la course, l'équitation, l'escrime à la hache, à la lance, et à l'épée, l'arc, la natation, etc. Les nécessités de la défense nationale ne permettaient pas de leur laisser le temps de s'instruire dans les arts libéraux, dans les sciences et dans la littérature. Il fallait qu'à quinze ou seize ans ils fussent en état d'aller à la guerre et ils passaient toute leur enfance au milieu des exercices violents du corps. Ce genre d'éducation trempait virilement les hommes, mais elle leur donnait un caractère farouche et brutal.

Duguesclin était très violent et très irascible, il frappait rudement tous ceux qui cherchaient à l'humilier.

A quatorze ans, il dirigeait déjà une troupe de deux cents jeunes gens, mais les méfaits qu'ils commettaient força le père de Duguesclin à licencier cette bande. Le jeune homme se réfugia chez l'un de ses parents qui habitait à Rennes. Là il continua son éducation militaire et il se signala par sa force et par son intrépidité.

Un jour, sur une place publique, les jeunes gens s'exerçaient à la lutte corps à corps. L'un d'entr'eux plus robuste ou plus adroit que les autres venait de terrasser successivement les douze adversaires qui s'étaient présentés. Duguesclin le renversa à son tour. Une nouvelle occasion de montrer sa force et son adresse se présenta bientôt : Un tournoi fut donné en 1338 à Rennes à l'occasion du mariage de Jeanne de Penthièvre, héritière du duché de Bretagne avec Charles de Châtillon, comte de Blois. Toute la noblesse d'épée de France et d'Angleterre fut conviée à cette solennité. Renault Duguesclin, le père du jeune Bertrand s'y était rendu, mais il n'avait pas voulu y conduire son fils craignant quelque incartade de sa part et sans doute aussi parce qu'il ne lui trouvait pas d'assez bonnes manières pour le présenter en si haute compagnie. Vivement froissé de cette exclusion, Bertrand se rendit à la fête monté sur un mauvais cheval de rebut, son père ayant mené toute son écurie et toute sa suite avec lui. Il assista au tournoi et il fut émerveillé par la splendeur du spectacle, l'entrain et l'agilité des combattants. L'un des chevaliers qui avaient pris part à la lutte s'étant retiré, Bertrand le suivit, le pria de lui prêter son armure et se rendit au champ du tournoi. Son début fut magnifique. Il renversa aisément son adversaire. Renault Duguesclin se présenta alors, mais son fils le reconnaissant à son armure, refusa le combat. Douze rivaux se présentèrent ensuite et furent tous renversés par le jeune Bertrand. Il découvrit alors son visage en enlevant son casque de fer et fut proclamé le roi du tournoi. Il n'en fallait pas davantage au xvie siècle pour illustrer un guerrier. Il devint alors célèbre dans toute la région et son écu sur lequel on lisait sa devise : « Notre-Dame Duguesclin » était la terreur des chevaliers du temps dans les batailles comme dans les fêtes de la noblesse.

Le mariage de Jeanne de Penthièvre fut l'occasion d'une querelle entre son mari Charles de Blois et Jean de Montfort qui, lui aussi, aspirait au duché de Bretagne. Bertrand Duguesclin, devenu le chef d'une petite armée, se prononça pour Charles de Blois et il passa à son service ; il prit une part très-active à la défense de Vannes, assiégée par les partisans de Montfort. Les anglais soutenaient les prétentions de ce dernier et trois mille d'entr'eux tentèrent de surprendre la ville pendant la nuit. Avec vingt hommes Duguesclin résista à l'armée anglaise, mais Charles de Blois ayant été fait prisonnier la liberté lui fut rendue sous caution et en échange de l'envoi à Londres de ses deux fils.

Duguesclin conduisit à Edouard III les fils

de Charles de Blois. La guerre recommença bientôt et Duguesclin se signala par mille exploits glorieux. Il s'empara de Fougerai par surprise avec trois de ses compagnons d'armes. Ils se présentèrent à la porte de la ville déguisés en bûcherons portant du bois sur leurs épaules. La porte ayant été entr'ouverte pour les laisser passer ils se précipitèrent sur les gardiens de la porte, les massacrèrent et la place se rendit sans coup férir.

Au siége de Rennes que cernaient les Anglais, Duguesclin pénétra dans le camp ennemi pendant la nuit avec cent hommes; il enleva un convoi de deux cents chariots chargés de provisions et les fit entrer dans la place qui fut ainsi ravitaillée pour longtemps. Le duc de Lancastre qui commandait l'armée assiégeante envoya à Duguesclin un de ses lieutenants nommé Bembro pour lui demander une entrevue. Ce Bembro dit à Duguesclin : « Vous avez pris Fougerai, vous y avez tué mon parent qui en était le gouverneur, je désire venger sa mort et je vous demande à faire avec vous trois passes à l'épée. — Six et plus si vous voulez, répondit Duguesclin en serrant la main de son adversaire. Bembro fut tué, mais les Anglais furieux de la mort d'un guerrier qui avait chez eux la même réputation de bravoure que Duguesclin en France, sommèrent le duc de Lancastre de donner l'assaut à la ville de Rennes. Avec 500 hommes, Duguesclin repoussa les Anglais et il incendia une grosse tour de bois que l'ennemi avait édifiée auprès des remparts pour dominer la place. Les Anglais furent obligés de lever le siége.

Au siége de Dinan, les Anglais, malgré une trève firent prisonnier l'un des frères de Duguesclin, c'était un acte de félonie et notre héros vint dans le camp ennemi demander raison au chevalier Thomas de Canterburg qui s'en était rendu coupable. Le duc de Lancastre autorisa un duel entre les deux braves, mais l'Anglais usa de moyens déloyaux dans ce combat singulier et il fut chassé des rangs de l'armée par ses supérieurs. Duguesclin défendit la ville avec tant d'habileté et de vaillance que le siége fut levé par les Anglais.

Malgré les prouesses de Duguesclin les

affaires de la France étaient en mauvais état, le roi Jean-le-Bon avait été fait prisonnier et battu à Poitiers, les Anglais occupèrent la moitié de la France, l'anarchie et la misère qui en est la conséquence naturelle étaient au comble. Charles V confia à Duguesclin la mission difficile de délivrer la Normandie. C'est à cette époque que le héros épousa Tiphaine Raguenel, femme instruite et riche. Le jour même du mariage, Duguesclin livra aux Anglais un combat opiniâtre. La paix ayant été faite entre Charles de Blois et Montfort, Duguesclin fut remis en otage à ce dernier, mais lui, trouvant que sa captivité se prolongeait outre mesure, prit la fuite et vint se mettre à la disposition de Charles V, qui lui donna le commandement d'une nouvelle armée contre le roi de Navarre, Charles-le-Mauvais. Il s'empara du cours de la Seine en prenant Mantes et Meulon à son ennemi. Mais celui-ci essaya de couper au roi la route de Reims afin de l'empêcher de se faire sacrer dans cette ville. Duguesclin repoussa le roi de Navarre sur Evreux et une rencontre eut lieu à Cocherel. Le roi de Navarre avait l'avantage du terrain. Duguesclin pour ne pas livrer bataille dans ces conditions dangereuses fit semblant de prendre la fuite, l'ennemi le suivit espérant le tailler en pièces, mais Duguesclin le voyant descendu dans la plaine fit volte-face et le battit. Les chefs navarrais furent tués. Charles V pour récompenser Duguesclin lui donna le comté de Longueville.

A la bataille d'Auray, en 1364, Duguesclin commandait l'armée de Charles de Blois, qui fut tué; le héros breton fut jeté à terre et fait prisonnier. « Rendez-vous, messire Bertrand, lui dit Chandos, cette journée n'est pas la vôtre. » La paix fut faite entre la France et l'Angleterre, mais les troupes de soldats que l'on nommait *grandes compagnies* pillaient le pays et le ravageait pendant la paix, comme pendant la guerre. Duguesclin qui avait été fait prisonnier à Auray, fut racheté moyennant 100,000 livres et il se chargea de débarrasser les provinces des *grandes compagnies* qui les dévastaient. Elles avaient établi leur quartier-général dans un bon et fertile pays, près de Châlon-sur-Saône. Duguesclin se rendit auprès de leurs chefs et leur dit : « La plupart d'entre vous ont été autrefois mes compagnons ; vous êtes tous mes amis. Vous n'êtes point faits pour ravager et ruiner des provinces, mais pour les conquérir et pour les conserver. Je sais où la nécessité peut porter les hommes les plus vertueux. Je viens vous donner les moyens, en subsistant avec honneur, de combattre avec gloire : l'Espagne presque entière gémit dans les fers des Sarrazins ; vous aimerez mieux être les libérateurs d'un grand peuple que de ruiner une nation entière. Au reste, pour vous aider à faire ce voyage, le roi vous fait don de 200,000 florins d'or, nous trouverons peut-être quelqu'un sur la route qui nous en donnera autant, car je prétends être du voyage avec mes amis. » Les chefs des *grandes compagnies* acceptèrent la proposition de Duguesclin qui fut élu général en chef de l'expédition. L'élite de la noblesse française alla se ranger sous sa bannière. Arrivée vers Avignon où résidait le pape, l'armée demanda au pontife 200,000 livres. Sur son refus, les environs d'Avignon furent incendiés. Le pape cap'tula et donna 100,000 livres. Duguesclin et ses bandes arrivèrent en Aragon, puis en Castille où elles prirent parti pour Henri de Transtamare, contre son frère Pierre-le-Cruel, roi légitime de Castille.

Duguesclin détrôna Pierre-le-Cruel et fit couronner, à Burgos, Henri de Transtamare. Pour le récompenser, le nouveau roi donna à son bienfaiteur le comté de Transtamare, le comté de Soria et le titre de connétable de Castille et de Léon. Les *grandes compagnies* pillèrent l'Espagne à loisir et il se produisit bientôt contre elle un mécontentement général qui amena en Espagne les Anglais, sous la conduite du prince Noir. Ils défirent les *grandes compagnies* que Duguesclin avait abandonnées en rentrant en France. Il se hâta de rassembler 10,000 hommes, franchit de nouveau les Pyrénées et se porta au secours de Henri de Transtamare qui luttait contre les Anglais avec 100,000 hommes, réunis à Navarete. Malgré les conseils de Duguesclin, Henri de Transtamare voulut livrer bataille. Il la perdit et Duguesclin, renversé à terre, se rendit au prince Noir en lui disant : « J'ai du moins la consolation de rendre mon épée au plus vaillant prince de la terre. » Pierre-le-Cruel voulait faire assassiner Duguesclin, mais le prince Noir s'y opposa, le protégea et le fit mener à Bordeaux. Henri de Transtamare avait pris la fuite et s'était réfugié en France. Il entra en relation avec Duguesclin malgré sa captivité, et bientôt le prince Noir, qui était peu satisfait des procédés de mauvaise foi et de la déloyauté dont Pierre-le-Cruel avait usé avec lui, rendit la liberté à Duguesclin en le laissant libre de fixer le prix de sa rançon. Duguesclin qui était très pauvre offrit 70,000 florins. « C'est trop, lui dit le prince Noir, jamais vous n'arriverez à payer cette somme. — J'ai des amis en Bretagne, répondit Duguesclin qui vendront leurs terres pour faire la somme. » Les seigneurs de la cour du prince Noir offrirent à Duguesclin l'argent nécessaire pour qu'il pût reprendre immédiatement sa liberté.

Il refusa et le roi de France, Charles V, paya la rançon. Duguesclin retourna de nouveau en Espagne pour rétablir Henri de Transtamare sur le trône de Castille et de

Léon. Pierre-le-Cruel appela les rois maures à son secours. Ils furent battus par Duguesclin, près de Cadix. Les princes africains vinrent au secours de leurs alliés d'Espagne, mais Duguesclin les vainquit encore. Dans une entrevue qui eut lieu entre Duguesclin et Pierre-le-Cruel, celui-ci menaça le héros breton, mais il tomba frappé à mort des mains de son ennemi.

Pendant son absence, Duguesclin avait été nommé par le roi de France connétable et il prit à son retour le commandement des troupes françaises. Les Anglais étaient sur le point d'assiéger Paris, Duguesclin les en chassa et leur reprit la Normandie. Il poursuivit les Anglais en Guyenne, leur reprit Limoges, Poitiers, Châtellerault, La Rochelle, Fontenay-le-Comte, Thouars, Niort, etc., etc. Il les chassa aussi de la Bretagne et des provinces du nord de la France. Les campagnes placent Duguesclin au niveau des plus grands capitaines; il harcela les Anglais sans trêve ni merci et décima leur armée. Il les battit encore dans le comté de Foix et dans les environs de Lourdes. Le prince Noir demanda à traiter;

mais pendant ce temps Montfort s'était em-
paré de nouveau de la Bretagne où le duc de
Lancastre commandait une armée anglaise
fraîchement débarquée.

Charles V déclara solennellement la Bretagne réunie à la couronne de France, cita
Montfort à son tribunal comme traître et
félon et il envoya Duguesclin pour s'emparer
de sa personne; mais les Bretons, toujours
amoureux de leur indépendance et de l'auto-
nomie de leur province, défendirent Montfort
contre Duguesclin qui ne retrouva plus en
Bretagne les sympathies de sa jeunesse. Les
Bretons le considéraient comme ayant trahi
la Bretagne. De son côté Charles V, très surpris du changement survenu dans les sentiments des Bretons pour leur ancien compagnon d'armes, soupçonna quelque trahison de
la part du héros. Il lui exprima son mécontentement, mais lui, il déposa immédiatement
son épée de connétable et fit écrire au roi,
car il ne savait pas écrire lui-même, une
lettre contenant ses explications et sa justifi-
cation. Charles V honteux d'avoir pu conce-
voir des soupçons à l'égard d'un aussi loyal

serviteur lui envoya des ambassadeurs et notamment le duc de Bourbon qui lui dit : « Beau cousin, des flatteurs avaient surpris le roi; il vous prie de rester à son service, et voilà l'épée de connétable que je vous rapporte de sa part. — Je dois tout aux bontés du roi, dit Duguesclin, mais je n'ai garde de m'exposer davantage à une disgrâce pareille à celle qui vient de m'arriver. C'est trop pour un homme de ma sorte d'avoir été soupçonné une seule fois. Je vais mourir en Espagne, où je porterai le désespoir de n'être pas mort eu France un an plus tôt. » Il reprit pourtant l'épée de connétable et partit de nouveau pour l'Espagne. En route, il prit part au siége de Châteauneuf-de-Rendon, près de Mende qu'investissait le maréchal de Sancerre, l'un de ses compagnons d'armes. Il y dirigea plusieurs assauts; mais il mourut et le gouverneur de la place, décidé à se rendre, porta les clefs de la ville sur le cercueil du héros, le 13 juillet 1380. Duguesclin avant de mourir remit son épée de connétable à Sancerre en lui disant : « Elle m'a aidé à vaincre les ennemis de mon pays, mais elle m'en a donné de cruels auprès du roi. Je vous la remets et je proteste qu'elle n'a jamais trahi l'honneur que le roi m'avait fait en me la confiant. » Puis se tournant vers les guerriers qui l'entouraient : « Souvenez-vous, ajouta-t-il que, en quelque pays que vous fassiez la guerre, les gens d'Eglise, les enfants et le pauvre peuple ne sont point vos ennemis. » Charles V voulut que les restes de Duguesclin reposassent avec ceux des rois de France dans les caveaux de Saint-Denis.

Duguesclin ne laissa pas d'héritiers légitimes, mais les descendants de sa famille existent encore aujourd'hui sous le nom de Bertrand de Saint-Gilles.

AMYOT

Jacques Amyot naquit à Melun le 30 octobre 1513. Ses parents exerçaient la profession de merciers et vivaient pauvrement. A l'âge de douze ans, n'ayant reçu aucune instruction, il était un enfant très indiscipliné.

Un jour, il quitta, furtivement, la maison paternelle et voyagea misérablement sur les routes. Il fut rencontré près d'Orléans et conduit presque mourant à l'Hôtel-Dieu de cette ville. Après sa guérison, il se dirigea vers Paris, avec douze sous pour toute fortune. Ne sachant que faire dans la grande capitale il fut guidé par un secret instinct vers un collége, il s'installa à la porte et se mit à faire les commissions des élèves. A cette époque-là les élèves des colléges étaient tous externes et ils avaient, à chaque instant, besoin de commissionnaires pour aller dans la journée chez leurs parents chercher leurs livres et leurs provisions, chez les marchands acheter de l'encre, du papier, des plumes, des friandises. Il informa ses parents de son arrivée à Paris, et ceux-ci lui envoyaient chaque semaine par les bateliers qui faisaient le voyage de Melun à Paris par la Seine, un gros pain qui lui permettait de vivre. Il se procura des livres et grâce au bon vouloir de quelques élèves et de quelques professeurs il parvint, à force de ténacité et de travail, à apprendre les éléments du latin et du grec.

Admis dans l'intérieur du collége il suivit les
cours et arriva, après mille difficultés, à passer l'examen de bachelier ès-arts. Devenu
précepteur des enfants d'un gentilhomme, il
travailla avec tant de courage et de succès,
qu'il mérita d'être signalé à François I*er*, *le
père des lettres* et à la sœur du roi Marguerite
de Navarre qui le prirent en amitié. Nommé
professeur de grec et de latin à l'Université
alors célèbre de Bourges, il y enseigna pendant dix ans et y publia des traductions d'auteurs grecs. C'était alors en France une
grande merveille de savoir la langue grecque.
François I*er* pour lui permettre de vivre
honorablement et de consacrer tout son
temps à ses travaux littéraires, lui donna les
bénéfices de l'abbaye de Bellezane. Il se rendit
alors à Venise, puis à Rome, pour y rechercher, dans les bibliothèques, les meilleurs
manuscrits des auteurs grecs et principalement de Plutarque dont il avait entrepris la
traduction. Cette traduction, devenue depuis
célèbre, fut la première en français des œuvres de cet écrivain grec.

Chargé par le roi Henri II d'une mission

de confiance au concile de Trente, il fut nommé à son retour précepteur des enfants de France. Charles IX, qui l'appelait toujours son *maître*, le nomma son grand aumônier et plus tard évêque d'Auxerre. Promu à cette dignité, Amyot qui n'avait jamais étudié que les auteurs profanes, fut obligé à ce moment de faire des études ecclésiastiques et d'étudier les auteurs sacrés afin de pouvoir prêcher convenablement. Henri III, qui avait été son élève, comme son frère Charles IX, lui continua les faveurs dont il s'était rendu digne. Comblé des dons de la fortune, Amyot continua ses travaux littéraires avec une ardeur extrême. Les désordres que les Guises et le parti de la Ligue entretenaient dans le pays trouvaient en lui un censeur sévère. Le parti catholique était très surexcité contre Amyot, et, à la suite de l'assassinat du duc de Guise à Blois, ordonné par Henri III pour rétablir l'ordre dans ses États, Amyot fut obligé de quitter la ville. Poursuivi par les partisans des Guises, il fut attaqué et dépouillé de tout ce qu'il possédait. Rentré à grand peine dans son diocèse, il trouva la ville en révolte contre l'autorité royale, et le parti des Guises, qui triomphait dans son évêché, provoqua une révolte dans laquelle Amyot fut menacé de mort et poursuivi par les insurgés.

Accablé de chagrins, il mourut le 6 février 1593 à l'âge de quatre-vingts ans.

Dans son testament, Amyot, qui laissait une grande fortune, légua à l'Hôtel-Dieu d'Orléans une somme de douze cents écus, en souvenir des douze sous qu'il avait reçu en sortant de cet hospice, dans son enfance.

Amyot a été l'un des créateurs de la langue française moderne, et sa traduction des œuvres de Plutarque est un des monuments les plus importants de notre littérature nationale.

On lui a reproché, avec raison, son âpreté au gain. L'on rapporte qu'un jour il sollicitait de Charles IX les bénéfices d'un abbaye. Comme le roi lui faisait remarquer qu'il lui avait déjà donné plusieurs autres abbayes et qu'il croyait se souvenir lui avoir entendu dire autrefois que toute son ambition se bornait à une rente de 1000 écus. « C'est vrai, sire, répondit Amyot, mais l'appétit vient en mangeant. »

LE TASSE

Torquato Tasso, en français Le Tasse, l'un des plus grands poètes modernes, naquit à Sorrente, en Italie, le 11 mars 1544. Son grand-père était un seigneur de Bergame qui rendit de grands services à l'Italie, à l'Allemagne et à l'Espagne en organisant dans ses pays le service des Postes. Son père était un poète très connu en Italie, confident du prince de Salerne. Il épousa Forzia de Rossi qui donna le jour au Tasse. Trois ans après la naissance de l'enfant, son père se réfugia en France à la suite de l'exil prononcé par Charles-Quint contre le prince de Salerne. Il laissa le jeune Torquato en Italie. A trois ans il savait lire et à neuf ans il savait le grec et le latin. Son intelligence était extraordinaire et chacun était surpris de voir un petit enfant aussi instruit. A douze ans il expliquait tous les auteurs anciens à livre ouvert. Il montrait déjà les dispositions les plus heureuses pour la poésie et il était attiré vers elle par un sentiment irrésistible.

Il étudia d'abord à Rome, puis à Bergame. Son père, connaissant par expérience combien est pénible et parsemée de tribulations et de misères la carrière des lettres, chercha à le détourner de l'objet favori de ses veilles. Il l'envoya à Padoue à l'âge de quatorze ans pour étudier la jurisprudence. L'enfant montra à l'Université de Padoue une supériorité surprenante. Il y devint immédiatement l'étudiant le plus instruit. Il soutint avec un grand éclat des thèses très difficiles de théologie, de philosophie et de droit, et il fut reçu docteur dans ces trois sciences. Il ne négligeait pas cependant la poésie et à dix-sept ans il avait déjà publié le poème chevaleresque de *Renaud*. Ce fut dans toute l'Italie un enthousiasme indescriptible. Les princes et les savants recherchaient sa société. Alphonse II, duc de Ferrare, l'installa à sa cour; il fut reçu membre de l'Académie de Padoue à l'âge de vingt ans. Conduit en France par le cardinal d'Este, frère du duc de Ferrare, il fut accueilli avec une faveur marquée par le roi Charles IX, mais comme il se prononça avec trop d'énergie en faveur d'un massacre de huguenots et qu'il avait des attaches avec les catholiqees de la Ligue, le cardinal et Charles IX l'abandonnèrent et il tomba à Paris dans le plus complet dénûment. Il a peint dans des vers charmants les misères de son existence à cette triste époque de sa vie. Il emprunta quelques écus au poète Ronsard et rentra en Italie où il fut reçu avec la plus vive sympathie. Il écrivit alors son grand poème, *La Jérusalem délivrée*, qui est l'un des ouvrages qui font le plus grand honneur aux lettres italiennes. La publication de ce merveilleux ouvrage lui attira beaucoup d'ennemis et des aventures très périlleuses. Il était devenu très orgueilleux et très fier de sa personne et il se créa des difficultés sans nombre par des sonnets légers qu'il adressait à des dames et même à des suivantes de la cour du duc de Ferrare. Comme il célébrait dans son grand poème la gloire des familles nobles qui avaient pris part aux croisades, les descendants de celles-ci le récompensèrent par des dons princiers. Il vivait dans le faste et dans l'opulence. Mais le duc, son protecteur, froissé de la froideur et de l'ingratitude qu'il manifestait à son égard l'abandonna bientôt. Il tomba alors dans une noire mélancolie, il devint inquiet et soupçonneux, voyant partout des rivaux et des ennemis de sa gloire. Il échappa à une tentative d'assassinat, grâce à son adresse et à son courage. Un jour, en présence de la duchesse d'Urbin, il frappa à coups de poing un valet qui le regardait de travers. Le duc de Ferrare le fit enfermer et le relégua dans un de ses domaines éloignés. Il préféra se retirer au couvent de Saint-François. Tout porte à croire qu'à ce moment son esprit était gravement malade. Il avait des frayeurs terribles et il se sauva la nuit, rentra à pied, comme un fou à Sorrente, sa ville natale, et il arriva chez sa sœur dans le dénûment le plus complet et couvert de haillons sordides. Les soins de sa sœur et le calme absolu de sa nouvelle existence le rendirent à la santé et à la raison. Habitué au faste des cours, il souffrait cruellement de la vie pauvre et isolée qu'il menait dans le très modeste logis de sa sœur. Le duc de Ferrare accepta de le recevoir de nouveau à sa cour, mais les difficultés recommencèrent.

Il se plaignait amèrement de ce que l'on n'avait plus pour lui les mêmes égards qu'autrefois, qu'on lui cachait ses manuscrits, qu'on l'empêchait de travailler en paix. Il s'enfuit donc une seconde fois et se mit à errer à l'aventure à pied par les chemins, comme un mendiant, vivant d'aumônes, s'arrêtant dans les villes où ses admirateurs pourvoyaient tant bien que mal à ses besoins. Le marquis d'Este le reconnut sous ses habits déchirés, et le conduisit chez le duc de Savoie qui l'accueillit généreusement. Il vécut là quelque temps tranquille et sûr du lendemain, mais il partit subitement et rentra à Ferrare, désireux de reprendre son ancien genre de vie luxueuse à la cour du duc; celui-ci refusa de le recevoir et personne ne s'intéressa à lui. Le Tasse entra alors dans une violente colère, il menaça le duc de sa vengeance; on l'enferma à l'asile Sainte-Anne où l'on soignait des aliénés. Les bénédictins qui dirigeaient l'établissement adoucirent pour lui les rigueurs de cette séquestration. On le logea et on le nourrit convenablement et même on lui permit de sortir souvent et de faire des voyages.

Il resta à l'hôpital Saint-Anne pendant sept années. Dans ses moments lucides il composa de très belles pièces de vers. Il reçut, dans cet asile, la visite du littérateur français Montaigne. « J'eus, dit Montaigne, plus de despit encore que de compassion de le voir à Ferrare, en si piteux état, survivant à soy-même, mescoignoissant soy et ses ouvrages, lesquels sans son sien, et toutefois à sa veue, on a mis en lumière incorrigés et informes. »

Le Tasse se remit alors à voyager; il se rendit à Mantoue, à Naples, à Florence, à Rome où il fut honorablement reçu, mais il ne retrouva plus ni le calme ni le bonheur. Sa vie était brisée et sa grande âme pénétrée de douleurs et de désenchantements. Il erre ainsi jusqu'à sa mort. Le pape Clément VIII, dans l'espoir de ramener la paix et la joie dans ce cœur ulcéré, renouvela pour lui le triomphe éclatant du couronnement au Capitole, vieille coutume païenne, remise en honneur deux siècles auparavant en l'honneur du poète Pétrarque. Mais il était trop tard, le Tasse était déjà moribond et les préparatifs magnifiques de la fête furent interrompus pas la mort du grand poète.

AGRIPPA D'AUBIGNÉ

Le fidèle compagnon de Henri IV, Théodore Agrippa d'Aubigné, naquit à Saint-Maury, près de Pons en Saintonge le 8 février 1550, d'une famille calviniste. Sa mère mourut en le mettant au monde. Son père l'instruisit lui-même, et à six ans, il lisait le grec, le latin et l'hébreu. A dix ans il traduisait les auteurs de ses trois langues et il étonna les maîtres que son père lui donna alors par une traduction de l'ouvrage philosophique de Platon, *le Criton*. A l'âge de neuf ans, il avait accompagné son père dans l'un de ses voyages à Amboise et en présence des cadavres nombreux des huguenots massacrés sur la place par les catholiques, il avait fait le serment de rester fidèle à la religion réformée et de venger la mort de ses coreligionnaires.

Le père d'Agrippa, prenant une part active

aux guerres de religion, fut obligé de confier
son fils à maître Béroalde, son professeur, qui
continua à Paris l'éducation de l'enfant. Me-
nacés de mort à cause de leur religion, le maître et l'élève furent forcés de prendre la fuite. Ils
arrivèrent à Courances où on les arrêta; con-
vaincus d'hérésie ils furent menés au bûcher.
Sommé d'abjurer le protestantisme, Agrippa,
âgé de dix ans, refusa opiniâtrement et se
mit à danser autour du bûcher qui attendait
sa proie. La nuit étant arrivée il parvint à
s'échapper avec Béroalde, grâce à la pitié
qu'il inspirait à l'un des soldats préposés à sa
garde. Arrivés à Montargis ils furent recueil-
lis par Renée de France, fille de Louis XII,
et veuve du duc Hercule d'Este qui, calviniste elle-même, les cacha dans son château.
L'enfant charma la princesse par le récit de
ses aventures. De Montargis les fugitifs se
dirigèrent vers Orléans où commandait le
père d'Agrippa. Le parti huguenot occupait
la ville qui était, à ce moment, assiégée par les
catholiques. La peste décimait les rangs des
combattants et la ville contenait des centaines
de cadavres sans sépulture. Il y avait danger

à résider au milieu de ce foyer pestilentiel. Béroalde hésitait à rentrer dans Orléans, mais Agrippa se refusa absolument à abandonner plus longtemps son père et ils s'introduisirent dans la place. Atteints par le cruel fléau, le maître et l'élève furent gravement malades, et comme les soins de la défense nécessitaient continuellement la présence du commandant d'Orléans sur les remparts, il confia la garde de son fils à un valet, qui, à force de dévouement, arriva à lui conserver la vie. A peine rétabli, Agrippa voulut suivre son père au combat et il prit part, malgré son jeune âge, aux sorties que tentaient fréquemment les assiégés. Frappé à mort à côté de lui, Agrippa eut la douleur de voir mourir son père sous ses yeux ; mais la bravoure l'emporta sur la douleur et il continua à combattre avec ardeur au milieu de ses coreligionnaires. Une trêve étant intervenue Agrippa, âgé de quatorze ans, se rendit à Genève où il étudia sous la direction du célèbre calviniste Théodore de Bèze. La guerre civile recommença, il s'enrôla dans l'armée de Condé où se trouvait le jeune prince de Béarn qui devint plus tard roi sous le nom de Henri IV. Il devint l'ami et le confident du futur monarque et il l'aida de tout son pouvoir, de toutes ses forces et de toutes ses lumières pour arriver à rétablir l'ordre dans l'Etat et à pacifier la France, cruellement troublée par les dissensions religieuses des grands seigneurs. Malgré les pénibles travaux de la guerre, d'Aubigné trouvait le temps de s'occuper d'études littéraires. Il attaquait hardiment les Guises, la Ligue et le parti espagnol.

Il écrivit au milieu des camps sa tragédie de Circe !

Il ne déposa l'épée qu'après la défaite du parti catholique et l'avénement definitif de Henri IV, qui l'employa fort souvent dans des négociations très compliquées. D'un caractère très droit et très austère, Agrippa d'Aubigné se refusa à rendre à son ami certains services et leurs relations devinrent moins cordiales. Le roi conserva cependant toujours pour lui beaucoup d'affection, car il connaissait la droiture et l'élévation de son caractère. Henri IV, pour désarmer les grands seigneurs de la Ligue, ses ennemis, dépensa des sommes énormes et il leur prodigua les faveurs et les emplois.

Ses amis furent par lui beaucoup moins bien traités que ses ennemis. Il récompensa d'Aubigné, qui avait sacrifié sa fortune personnelle pour son ami, en lui envoyant son portrait. D'Aubigné écrivit au bas du tableau :

> Ce prince est d'étrange nature,
> Je ne sais qui diable l'a fait.
> Il récompense par peinture
> Ceux qui le servent en effet.

A la mort de Henri IV, d'Aubigné fut poursuivi à cause de ses écrits, dans lesquels il attaquait violemment certains personnages arrivés au pouvoir tout nouvellement et qui ne suivaient pas les glorieuses traditions du feu roi. Il se réfugia à Genève. Son *Histoire Universelle de 1550 à 1601* fut brûlée et l'auteur condamné à la peine de mort.

C'était la quatrième sentence de mort prononcée contre lui. Il mourut à Genève à l'âge de quatre-vingts ans et fut enterré dans le cloître de l'Eglise Saint-Pierre.

Il a laissé un grand nombre d'ouvrages en prose et en vers.

L'on cite de d'Aubigné plusieurs traits qui peignent bien cette nature généreuse, droite, loyale et fière : Un jour Henri IV lui reprochait d'être resté l'ami de La Trémouille que le roi avait exilé. « Sire, répondit-il, M. de La Trémouille est assez malheureux, puisqu'il a perdu la faveur de son maître : j'ai cru ne devoir point l'abandonner dans le temps où il avait le plus besoin d'un ami dévoué. »

Une nuit d'Aubigné était de garde avec de La Force, dans la garde-robe du roi. Croyant Henri IV endormi, d'Aubigné se plaignait amèrement de l'ingratitude du roi qui donnait tout à ses ennemis et rien à ses amis.

« Notre maître, disait-il à de La Force, est le plus ingrat mortel qu'il y ait sur la terre. » Le duc de La Force qui commençait à sommeiller lui demanda ce qu'il disait : « Sourd que tu es, cria Henri IV, qui veillait et qui avait tout entendu, il te dit que je suis le plus ingrat des hommes. » — « Dormez, sire, cria à son tour d'Aubigné, nous en avons encore bien d'autres à dire. »

Pendant les guerres de religion, il fut un jour fait prisonnier par Saint-Luc, gouverneur de la Saintonge. Il fut autorisé, sur parole, à aller passer quelques jours à La Rochelle.

A peine était-il parti que Saint-Luc, qui avait pour d'Aubigné beaucoup d'estime, le fit secrètement prévenir que Catherine de Médicis ayant l'intention de le faire périr, il l'engageait à ne pas revenir. A l'expiration de son congé, le nouveau Régulus, rentra au camp et se reconstitua prisonnier. « Je sais, dit-il à Saint-Luc, que ma mort est décidée, mais à Dieu ne plaise que j'achète la vie au prix d'un parjure ! »

D'Aubigné avait eu plusieurs enfants ; l'un de ses fils, Constant, fut le père de Françoise d'Aubigné qui épousa le poète Scarron et qui devenue veuve joua un rôle si important sous le règne de Louis XIV, qu'elle épousa secrètement en 1685 et auquel elle inspira les persécutions contre les huguenots qui sont une des fautes de ce règne, d'ailleurs si glorieux.

GASSENDI

Le savant philosophe et astronome qui honore la Provence, naquit le 22 janvier 1592 à Champtercier, près de Digne, de parents pauvres. Dès l'âge de quatre ans, il récitait des sermons qu'on lui avait appris par cœur. Il manifesta dès le jeune âge une curiosité instinctive pour l'astronomie. Il passait des nuits entières à la belle étoile contemplant les étoiles, cherchant à se rendre compte de leur marche et de leur situation dans le ciel. L'on rapporte qu'un soir qu'il était dans son observatoire champêtre, grimpé sur un rocher, plusieurs petits vauriens, qui avaient l'habitude de commettre la nuit dans les environs de nombreux larcins, voulurent le faire passer pour en être l'auteur et, pour constater publiquement son absence de la maison paternelle, ils allèrent l'appeler chez ses parents et demandèrent avec grand tapage où il était. Le père de Gassendi, le croyant

Un soir qu'il était dans son observatoire
champêtre. (P. 33.)

couché dans son lit, rudoya la bande, mais comme ils insistaient il fut obligé de reconnaître, à sa grande stupéfaction, qu'il était dehors. Il suivit les jeunes mauvais sujets qui le menèrent dans la campagne. Entendant du bruit, le jeune astronome vint à l'avance de la troupe et fut, malgré ses protestations, fustigé par son père. Une explication eut lieu et l'enfant invoqua le témoignage du curé qui lui donnait des leçons de sciences et de latin. Le lendemain le père alla trouver le curé qui lui affirma que son enfant serait, par la suite, un savant des plus illustres.

A l'âge de dix ans, Gassendi harangua l'évêque de Digne qui était venu à Champtercier pour la Confirmation. Il le fit avec tant d'érudition et d'éloquence que l'évêque pensa que le curé avait fait apprendre par cœur ce beau discours à son élève; mais il n'en était rien, Gassendi avait composé lui-même cette harangue. Très surpris de rencontrer tant de savoir chez un enfant de la campagne, l'évêque plaça Gassendi au collége de Digne où il se fit remarquer par son application et son intelligence. A quatorze ans on l'envoya à Aix, suivre le cours de philosophie. A seize ans, il fut nommé, au concours, professeur de rhétorique au collége de Digne, mais il préféra rester à Aix où les moyens d'instruction abondaient. Il se destina à l'état ecclésiastique qui était celui dans lequel on pouvait alors avoir le plus de loisirs pour s'occuper de l'étude des sciences. Les talents de Gassendi comme prédicateur étaient déjà très appréciés malgré son jeune âge. Reçu docteur en théologie à Avignon, il fut nommé prévôt du chapitre de cette ville à vingt-un ans, à un âge où les jeunes gens se préparent encore d'ordinaire à la licence.

A ce moment, les deux chaires de théologie et de philosophie devinrent vacantes, à Avignon. Il se présenta à l'une et à l'autre, au concours, en même temps, et il fut reçu le premier à toutes les deux, sur de nombreux concurrents. Il occupa la chaire de théologie. Il eut alors tout le temps nécessaire pour revenir à ses chères études astronomiques. Menant de front la philosophie et la science, il attaqua l'autorité d'Aristote qui faisait dogme dans toutes les universités et il publia un livre contre les doctrines du grand philosophe. Mais redoutant les foudres de l'Eglise, il se mit à voyager; il se rendit à Paris et en Hollande, où il visita les savants et les professeurs célèbres de l'époque. Il rentra ensuite en Provence et il résida à Marseille pendant plusieurs mois. Là il vérifia les cartes de la marine, et rectifia de nombreuses erreurs qui étaient accréditées depuis des siècles, et basées sur les travaux très anciens de Ptolémée qui vivait huit cents ans avant Gassendi.

Sous le règne de Louis XIV, Gassendi fut nommé professeur au collége de France, à Paris. Il devint l'ami de la savante reine Christine de Suède. Très fatigué par les rudes travaux de sa vie, et surtout par les cours qu'il faisait au collége de France, Gassendi mourut le 14 octobre 1655. Il fut enterré dans l'église Saint-Nicolas-des-Champs.

L'un des petits neveux de Gassendi, le général comte Gassendi, membre de la famille qui existe encore dans les Basses-Alpes, rendit de grands services à la France pendant la Révolution et sous l'empire.

Gassendi entretenait une correspondance suivie avec les principaux savants de son siècle, notamment avec Galilée dont il partageait les idées, en contradiction avec l'interprétation que les ecclésiastiques donnaient alors des écritures saintes. Il a laissé de très nombreux ouvrages tous écrits en latin selon l'usage du temps. Les œuvres de ce savant sont plus connues à l'étranger qu'en France.

DESCARTES

René Descartes, le fondateur de la philosophie moderne, naquit à La Haye, en Touraine, le 31 mars 1596. Sa famille était de noble origine bretonne. Dès le jeune âge, il donna des signes du génie qui devait illustrer son nom. A huit ans, on l'appelait déjà le philosophe, à cause de la précoce maturité de son esprit. Il demandait les raisons de tout ce qu'il entendait et de tout ce qu'il voyait. Comme Pascal, il était d'un tempérament nerveux et maladif. Placé, très jeune, au collége des Jésuites, à

La Flèche, ses maîtres furent obligés de modérer son ardeur au travail et le forcèrent à rester couché le matin pendant que ses camarades descendaient dans les salles d'étude, dès l'aube. L'enfant obéit, mais au lieu de se reposer, il réfléchissait longuement sur les travaux scolaires et s'ingéniait à creuser les motifs et les causes des divers objets de ses études. C'est là qu'il contracta des habitudes de recueillement silencieux et de profonde méditation qui l'amenèrent, par la suite, aux raisonnements féconds qui devaient révolutionner la philosophie. La méthode scolastique en usage dans les colléges à cette époque ne satisfaisait pas son esprit. L'étude de la littérature ne lui plaisait guère, il considérait que l'esprit humain ne peut s'accommoder de suivre aveuglément l'autorité des philosophes sans la contrôler et croire à leurs doctrines par la seule raison qu'elles émanent de maîtres approuvés par les professeurs. Il pensait qu'il faut se rendre compte, par soi-même, des choses que l'on peut admettre comme vraies et qu'il ne faut pas reconnaître comme certaines, celles qui n'ont pas été au préalable démontrées comme telles par le raisonnement personnel. Il trouvait un charme incomparable et une satisfaction pour son intelligence méthodique dans l'étude des sciences mathématiques, parce que là rien n'est laissé à l'autorité des devanciers et que les raisonnements et les théorèmes se démontrent exactement. « J'ai été nourry, écrit-il, aux lettres dès mon enfance, et pour ce qu'on me persuadait que par leur moyen on pouvait acquérir une connoissance claire et assurée de tout ce qui est utile à la vie, j'avois un extrême désir de les apprendre. Mais si, tost que j'eus achevé tout ce cours d'estudes, au bout duquel on a coustume d'estre reçeu au rang des doctes, je changeay entièrement d'opinion ; car je me trouvois embarrassé de tant de doutes et d'erreurs qu'il me sembloit n'avoir fait d'autre profit en taschant de m'instruire, sinon que j'avois descouvert de plus en plus mon ignorance. Et neantmoins j'estois en l'une des plus célèbres escoles de l'Europe, où je pensois qu'il devoit y avoir de sçavans hommes s'il y en avoit en aucun endroit de la terre ; j'y avois appris tout ce que les autres y apprenoient, et même, ne m'estant pas contenté des sciences qu'on y enseignoit, j'avois parcouru tous les livres traictant de celles qu'on estime les plus curieuses et les plus rares qui avoient pu tomber entre mes mains. » Persuadé qu'il ne savait rien, il se mit à voyager pour s'instruire. Il avait alors à peine vingt ans. Il était à cette époque très coûteux et très difficile de faire de longs voyages. Le métier des armes lui sembla être le meilleur moyen de voir du pays et il se fit soldat, non par amour de cette profession, mais uniquement afin d'avoir les moyens commodes de visiter les pays étrangers et notamment l'Allemagne avec laquelle la France était alors constamment en état de guerre. Voici en effet ce que dit Descartes à ce sujet : « Bien que la coustume, et l'exemple fassent estimer le mestier des armes comme le plus noble de tous, pour moy, je ne l'estime qu'autant qu'il vaut, et même j'ay bien de la peine à luy donner place entre les professions honorables, voyant que l'oisiveté et le libertinage sont les deux principaux motifs qui y portent aujourd'hui la plupart des hommes. » Il s'enrôla sous les ordres du prince Maurice de Nassau, connu par son amour des sciences exactes et il visita la Hollande, fréquentant les Universités et les savants.

Un jour, étant en garnison à Bréda, il lut une affiche écrite en flamand. C'était l'énoncé d'un problème de géométrie qu'un mathématicien proposait de résoudre. Ne comprenant pas le flamand, il demanda au principal du collége de Dort, le savant Beckmann, de quoi il s'agissait. Celui-ci voyant un jeune militaire s'intéresser à un problème de géométrie, se mit à le plaisanter. Mais il remarqua bien vite qu'il avait devant lui un mathématicien de premier ordre. Descartes lui apporta le lendemain la solution du problème et sa ràputation commença dès lors à s'établir. Il voyagea en Allemagne et servit sous les ordres du duc de Bavière; puis, en Hongrie, sous ceux du comte de Bucquoy.

Il quitta alors le métier des armes et voyagea seul. Il visita les Universités allemandes, puis rentra en Hollande. Il s'embarqua à Hambourg sur une chaloupe, accompagné d'un domestique. Les matelots, le voyant d'humeur placide, complotèrent de le tuer et de le voler. Ils délibérèrent en sa présence, croyant ne pas être compris de lui, mais Descartes tirant son épée, leur imposa silence et les menaça de pourfendre le premier qui oserait s'approcher de lui. Ils n'osèrent mettre leur criminel dessein à exécution.

Descartes voyagea ensuite en France, en Suisse et en Italie, contemplant tout, écoutant tout en silence, méditant et réfléchissant toujours. Son esprit indépendant n'était guère fait pour se plier à la discipline de fer de Richelieu. Rentré de nouveau en France, il en partit bientôt préférant à tout autre le séjour de la Hollande, où la liberté de penser et d'écrire était absolue. Il étudia les sciences physiques, l'astronomie, la médecine et il rêvait de faire un nouveau plan, une nouvelle méthode pour l'étude des sciences humaines, qui ne lui paraissaient pas enseignées d'une manière méthodique et systématique. Il se mit à écrire un ouvrage considérable : *Le Monde*, qui devait contenir ses vues sur les sciences ; mais il craignait de se mettre en contradiction avec une autorité redoutable de l'Eglise, dont l'enseignement dominait alors les Universités et les écoles, et était basé sur des fondements qui ne lui paraissaient ni démontrés ni exacts. Il apprit à cette époque que Galilée venait d'être poursuivi et condamné par la cour de Rome et il ne se souciait guère d'encourir, comme lui, les foudres de l'excommunication.

Il ne publia pas son grand ouvrage, *le Monde*, qui ne vit le jour que dix-sept ans après sa mort, mais sa renommée de philosophe novateur et de savant s'était étendue dans toutes les Universités de l'Europe. Il publia néanmoins son célèbre *Discours sur la méthode*, ouvrage aujourd'hui classique et très connu dans les écoles et dans les colléges. Il y déclara très courageusement qu'il ne faut rien admettre comme vrai que ce qui a été démontré être tel.

Il publia ensuite un livre sur les *Météores*, sur la *Dioptrique* et un autre sur la *Géométrie*. Il fit faire à cette science d'immenses progrès et ses théorèmes sont aujourd'hui enseignés dans les colléges.

Descartes publia ensuite en latin un *Traité de philosophie* et des *Méditations philosophiques*. Ce livre fut traduit en français par le duc de Luynes. Il provoqua de la part de la cour de Rome un décret, de prohibition absolue, qui fut étendu à tous les ouvrages du philosophe français. Les adeptes du protestantisme attaquèrent aussi, de leur côté, les doctrines de Descartes et ils lui reprochèrent d'être un athée. Il fut défendu par le Père Mersenne, son condisciple et son ami intime. Un disciple de Calvin, Voet, professeur de théologie protestante, à l'Université d'Utrecht, écrivit contre Descartes un violent pamphlet.

Le savant philosophe qui résidait alors dans une paisible maison, située auprès de La Haye, en Hollande, répondit au pamphlétaire ; mais les juges d'Utrecht le condamnèrent, sans l'entendre et même sans l'avoir appelé à leur tribunal. Il répondit qu'en sa qualité d'étranger, il n'était pas soumis à leur juridiction. Mais la sentence fut affichée et le philosophe fut cité à comparaître.

Il se défendit alors avec une grande énergie et confondit Voet. La reine Christine de Suède lui fit proposer de venir vivre auprès d'elle à l'abri de tout danger. Il se rendit alors à Stokholm et il vécut à la cour libre de toute étiquette et de toute contrainte, ayant seulement pour devoir le soin de la bibliothèque de la reine. Les rigueurs du climat et la faiblesse de sa constitution ne lui permirent pas de profiter longtemps des bienfaits de la savante souveraine, il mourut d'une fluxion de poitrine à l'âge de cinquante-quatre ans, le 11 février 1650. Christine lui fit faire de magnifiques funérailles. Ses restes furent transportés en France en 1666.

TURENNE

L'un des plus savants capitaines des temps modernes, Henri de la Tour-d'Auvergne, vicomte de Turenne, naquit à Sedan le 11 septembre 1611. Il était le deuxième fils du duc de Bouillon et de Elisabeth de Nassau. Son père était l'un des membres les plus actifs du parti calviniste. Le jeune Turenne manifesta dès ses plus jeunes années un goût très-développé pour l'étude et une intelligence très-précoce. Il eut pour maîtres dans l'art de la guerre ses oncles maternels, Henri et Maurice de Nassau. Les amusements frivoles de la jeunesse ne l'attiraient pas, il était, dès l'âge de dix ans aussi sérieux qu'un homme, mais si son esprit et son caractère étaient fortement trempés, sa santé ne l'était guère. A force de ténacité et de courage il parvint, en quelque sorte, à vaincre la nature et il lutta dès son enfance contre la faiblesse de sa propre constitution physique avec autant d'énergie qu'il devait en manifester par la suite contre les ennemis de son pays.

Son père redoutait pour lui les durs travaux de la guerre et il exprimait souvent en sa présence, des doutes sur la possibilité de faire de lui un guerrier. Pour montrer à son père qu'il était assez solide pour embrasser le métier des armes, le jeune Turenne, qui l'accompagnait dans ses visites aux troupes campées dans Sedan, sortit un soir d'hiver

sans rien dire, et le lendemain matin, le chevalier de Vassignac le trouva couché sur l'af-
fût d'un canon où il avait dormi pendant la
nuit.

Comme tous les jeunes gentils hommes de
l'époque il étudia particulièrement les vies
des grands hommes, de Plutarque dont Amyot
venait de publier une traduction ; il se plaisait beaucoup aussi à la lecture de la vie
d'Alexandre-le-Grand, de Quinte-Curce. Un
jour, Turenne avait alors douze ans, un officier se permit de dire devant lui que les hauts
faits rapportés par Quinte-Curce sur Alexan-
dre n'étaient que des histoires de roman et
des mensonges. La dispute s'animant l'enfant
déclara un duel à l'officier qui accepta. Mais
le lendemain au lieu fixé sur le terrain, la
mère de Turenne secrètement prévenue arriva
avec les témoins et l'officier, et elle s'opposa
au duel qui fut changé en une partie de chasse
aux sangliers.

A la veille d'une bataille, Turenne éprouvait au cœur des tressaillements involontaires
et une émotion bien naturelle. « Tu trembles,
carcasse, disait-il, et que feras-tu demain

lorsque je te mènerai en face de la mitraille?»

Son frère aîné se convertit à la religion catholique, mais lui il resta fidèle à la religion réformée et il refusa d'épouser la nièce du cardinal Richelieu, pour cause de religion. Le grand ministre continua néanmoins à lui témoigner la plus vive sympathie pour sa personne et la plus sincère admiration pour ses talents. Mazarin le nomma Maréchal de France. Turenne prit part à un très-grand nombre de siéges et de combats, il eut l'honneur de vaincre le grand Condé à Gien en 1652 et le força à quitter la France pendant les troubles de la Fronde. Il battit le célèbre tacticien Montecuculli dans le Palatinat.

A la bataille de Salzlach, le 27 juillet 1675, Turenne qui n'hésitait pas à exposer sa vie, comme il voulait que tous ses officiers exposassent la leur, fut frappé en pleine poitrine par un boulet de canon. Le même boulet emporta un bras au lieutenant-général Saint-Hilaire. Les deux fils de cet officier pleuraient en voyant leur père en cet état. « Ce n'est pas moi, dit Saint-Hilaire, qu'il faut pleurer, c'est ce grand homme qui est étendu là, c'est la perte irréparable que la France vient de faire ». Louis XIV voulut que Turenne fut enterré à l'abbaye de Saint-Denis avec les princes de la famille royale. Son oraison funèbre fut prononcée par Fléchier. Ce discours est le chef-d'œuvre du célèbre prédicateur.

Les fortes études de sa jeunesse avaient fait de Turenne le premier tacticien de son siècle; il ne laissait rien au hasard, il calculait et prévoyait tout à l'avance. Très économe du sang de ses soldats, il n'entreprenait pas une action de quelque importance sans être certain du succès et sans avoir au préalable tout réglé. Il s'assurait par lui-même que les dispositions étaient prises à tout événement par tous ses subordonnés, et il vérifiait méthodiquement l'exécution des instructions qu'il donnait. Aussi bon et généreux que brave, sa mort fut un deuil général et il fut pleuré même par ses ennemis. Un monument fut élevé à sa mémoire sur le lieu où il avait été frappé à mort.

Sa bravoure n'avait d'égale que sa bonté pour ses troupes. L'on cite en lui plusieurs traits qui prouvent sa générosité : Un jour, dans une retraite, voyant un soldat qui ne pouvait plus marcher et qui allait être fait prisonnier, il le fit monter sur son cheval et fit lui-même à pied une rapide et longue course. Une autre fois, il préféra abandonner ses équipages personnels qui avaient une grande valeur et qui furent pris par l'ennemi, afin de pouvoir transporter les malades et les blessés qu'il rencontrait sur sa route. Au siége de Saint-Venant, il distribua sa vaisselle d'argent aux soldats qui n'avaient pas reçu leur solde depuis quelques jours. Sa probité était proverbiale et elle était très méritoire à une époque où les officiers supérieurs avaient l'habitude de s'enrichir de pillages et de concussions pendant les guerres. Un officier lui ayant indiqué le moyen de gagner quatre cent mille livres sans danger, Turenne lui répondit : « Je vous suis fort obligé ; mais ayant eu souvent de pareilles occasions sans en profiter, je ne changerai pas à l'âge où je suis. »

BLAISE PASCAL

L'enfant extraordinaire qui devait devenir un homme plus extraordinaire encore, Blaise Pascal, naquit à Clermont-Ferrand, le 19 juin 1623. Son père, Etienne Pascal, était président de la cour des Aides de la Province. Très versé dans les sciences et dans la littérature, le père de Blaise s'occupait très soigneusement de l'éducation de ses enfants. Gilberte, la sœur aînée de Pascal, qui devint par la suite madame Périer, avait appris de son père les mathématiques, la philosophie et l'histoire. Etienne Pascal, remarquant chez le jeune Blaise des aptitudes extraordinaires pour les sciences exactes, estima qu'il ne convenait pas de les lui apprendre encore à cause de son jeune âge et de son tempérament maladif, de peur de fatiguer cette précoce intelligence; mais Gilberte, la sœur aînée qui remplaçait dans la maison la mère morte peu de temps après la naissance de

Il s'enfermait souvent seul pour étudier les mathématiques. (P. 57.)

Jacqueline, sa seconde fille, de deux ans plus jeune que Blaise, ne surveillait pas aussi attentivement que son père les études de l'enfant, qui s'enfermait souvent seul pour étudier les mathématiques.

Après la mort de sa femme, Etienne Pascal vint habiter à Paris, en 1631, ayant vendu sa charge à la cour des Aides de Clermont. Il se forma dans sa maison un cercle de savants distingués dont les conversations écoutées par le jeune Blaise, développèrent rapidement dans son esprit le goût des sciences. Son père lui enseigna d'abord les langues anciennes; mais son intelligence l'attira toujours vers les mathématiques. Madame Périer, sa sœur, qui a écrit la biographie de Blaise et de Jacqueline, raconte qu'un jour son frère ayant remarqué qu'un plat de faïence, frappé avec un couteau, rendait un bruit sonore qui s'arrêtait aussitôt qu'on y touchait avec la main, se mit à faire des expériences sur le son et en consigna les résultats dans un travail qu'on jugea de beaucoup supérieur à tout ce que son âge pouvait promettre. Comme son père refusait de lui apprendre la géométrie avant qu'il ne fût suffisamment avancé dans l'étude des langues anciennes, Pascal se mit à tracer des figures géométriques, et à en raisonner les rapports et les proportions avec tant de profondeur qu'il découvrit, de lui-même, une partie de la géométrie. Par la seule réflexion, il trouva sans le secours d'aucun livre ni d'aucun maître les trente et une premières propositions d'Euclide. Il cherchait à démontrer la trente-deuxième, celle qui est relative à la somme des angles d'un triangle lorsque son père, l'ayant surpris au milieu des figures qu'il avait tracées sur le parquet, lui demanda l'explication de ses études et il arracha à l'enfant le secret du travail prodigieux que venait d'exécuter sa jeune intelligence. Effrayé d'un pareil phénomène, Etienne Pascal alla immédiatement chez le savant mathématicien Le Pailleur, son ami et lui raconta la découverte surprenante qu'il venait de faire. Celui-ci déclara qu'il ne fallait plus s'opposer aux merveilleuses dispositions de Blaise et qu'il était préférable de lui donner des livres de géométrie plutôt que de le laisser se tor-

turer l'esprit d'une manière aussi effroyable.
Le conseil de Le Pailleur fut suivi et Pascal
fit des progrès surprenants dans l'étude des
sciences exactes. A seize ans, il composa le
Traité des sections coniques, qui fit l'étonne-
ment des savants de l'époque. Descartes refusa absolument de croire qu'un enfant de
seize ans fût l'auteur de cet ouvrage. C'était
pourtant l'exacte vérité.

Le cardinal de Richelieu, auquel furent
présentés les enfauts d'Etienne Pascal, fut
émerveillé de leur intelligence et il nomma
leur père, contre lequel il avait eu des sujets
de mécontentement, intendant de la géné-
ralité de Rouen. Blaise Pascal suivit son
père dans cette résidence. Il inventa à Rouen
la *Machine à calculer*, afin d'abréger les immenses calculs auxquels il se livrait et qui
étaient plus compliqués qu'ils ne le seraient
aujourd'hui, avec notre système décimal moderne. On se fait difficilement une idée des
travaux complexes, des soins minutieux et
du génie qui furent nécessaires pour arriver
à combiner la machine à calculer.

Malgré son jeune âge, Etienne Pascal

associa son fils aux travaux de l'Intendance de Rouen; mais à la mort de l'intendant Blaise, qui était alors âgé de vingt ans, tomba gravement malade. Après sa guérison, il se mit à mener une existence frivole et dissipée, contrairement à tout ce que l'on attendait de lui. Il avait, dit-on, une violente passion pour le jeu et il faisait à ce sujet des combinaisons et des calculs très curieux, mais que le succès ne justifiait pas toujours. Il vivait dans l'intimité de jeunes seigneurs fort légers, entr'autres le duc de Roannez et le chevalier de Méré. Les calculs relatifs aux jeux amenèrent Pascal à faire la découverte du triangle arithmétique qui est la base des calculs des probabilités, branche nouvelle et imprévue des mathématiques. Il s'occupa ensuite de compléter les découvertes de Roberval sur l'aire de la courbe entière et du volume qu'elle engendre en tournant autour de son axe ou autour de sa base. Pascal arriva à déterminer les segments de l'aire et des volumes engendrés par eux ainsi que leurs centres de gravité. Il lança alors à tous les géomètres de l'Europe une sorte de défi.

Se cachant sous le pseudonyme de Dettonviele, il envoya une circulaire invitant les mathématiciens et les géomètres à concourir à la solution des problèmes qu'il venait de résoudre. Plusieurs professeurs de premier ordre d'Angleterre et de France envoyèrent des réponses aux problèmes, mais leurs solutions étaient fausses. Il en résulta des réclamations des intéressés qui suscitèrent une véritable guerre de mathématiciens. Pascal publia alors les solutions exactes par lui découvertes, et ce fut dans le monde savant une immense émotion et une admiration sans bornes.

Mais les mathématiques ne suffisaient pas au génie de Pascal, il étudia la physique avec un soin tout particulier et ses merveilleux talents l'amenèrent dans cette science à de remarquables inventions. Chacun connaît l'embarras où se trouva Galilée pour expliquer l'observation faite par les fontainiers de Florence, que l'eau, dans une pompe aspirante, cessait de s'élever lorsqu'elle avait atteint une hauteur de trente-deux pieds.

Descartes avait bien indiqué la hauteur

qu'atteindrait le mercure dans un tube vide si on l'employait à l'expérience à la place de l'eau. Mais c'était à Pascal que devait revenir l'honneur de montrer que l'ascension des liquides dans le vide n'étant due qu'à la pression atmosphérique, la hauteur des liquides diminuerait avec la pression, si on s'élevait à une grande hauteur dans l'atmosphère. Pascal donna à Périer, son beau-frère, les indications nécessaires pour exécuter les expériences sur le Puy-de-Dôme. Pascal fit sur la tour Saint-Jacques des expériences analogues. Elles réussirent pleinement. C'est donc à Pascal qu'est due l'invention du *Baromètre*. C'est à lui que l'on doit de pouvoir mesurer la hauteur des édifices et des montagnes et l'élévation des ballons dans les airs.

La belle intelligence de Pascal fut un jour atteinte d'un mal subit à la suite d'un accident de voiture survenu sur le pont de Neuilly, près de Paris. Les chevaux de Pascal s'étaient emportés et peu s'en était fallu que le savant n'ait été précipité dans la Seine. Cet événement produisit une commotion cérébrale qui changea complètement le genre de vie et le cours des travaux de Pascal. Il se retira à Port-Royal-des-Champs et vécut séparé du monde, dans la compagnie d'ermites et de philanthropes érudits, ennemis des Jésuites et de Madame de Maintenon. On les nommait les Jansénistes. Mais là encore Pascal devait comme polémiste et comme écrivain, manifester sous un nouveau jour la diversité surprenante des qualités de son esprit incomparable. De violentes polémiques se produisirent entre les Jésuites et les Jansénistes sur les sujets religieux, notamment sur « *la grâce efficace* ». Pascal, qui était janséniste, publia une série de *Lettres* à un provincial de l'ordre des Jésuites qui sont l'un des chefs-d'œuvre de la littérature française.

Pascal menait alors une vie très austère, il avait fait une sorte de vœu de pauvreté, il se servait lui-même à table et dans tous les soins de son ménage, décidé à se priver, autant que possible, de tout secours étranger. Il devint bizarre et ses immenses travaux ayant affaibli sa vaste intelligence, son cerveau avait perdu ses précoces qualités. Le 19 août 1662 il mourut à l'âge de trente-neuf ans. On fit l'autopsie de son crâne et l'on constata que sa cervelle avait un volume et une densité plus considérables que celles des autres hommes. On remarqua qu'il portait à nu sur sa chair une ceinture de fer pleine de pointes. Il laissa un grand nombre d'ouvrages inachevés et incomplets, beaucoup d'autres qu'il avait écrit et que des savants avaient lu en manuscrits, n'ont jamais été publiés tant leur auteur était négligent et indifférent à la renommée et à la publicité; mais les fragments qui ont pu être conservés révèlent chez leur auteur une science immense et l'un des plus grands esprits des temps modernes.

CHRISTINE DE SUÈDE

Christine, fille du roi de Suède, Gustave-Adolphe, naquit en 1626, le 8 février. L'on espérait avant sa naissance, que sa mère mettrait au monde un garçon. Gustave-Adolphe auquel on annonça qu'il lui était né

une fille, répondit : « C'est bien, je l'élèverai
comme un garçon. » Il lui fit donner en effet
une éducation virile, alternant les violents
exercices du corps avec l'étude de l'antiquité.
Il la menait à la guerre avec lui, l'habituant
au bruit du canon et au son des tambours.
Son père étant mort, tué à la bataille de
Lutzen, elle monta sur le trône à l'âge de six
ans, et étonna la cour et le conseil de régence,
par l'élévation de son esprit et par la justesse
de ses raisonnements. Elle apprit, dès le bas
âge, le grec et le latin, l'histoire, la géographie,
la philosophie. Esprit supérieur, âme fortement
pée, douée d'une santé très robuste, elle
travaillait avec une assiduité et une persévé-
rance qu'il est bien rare de rencontrer au
milieu des cours. Les talents remarquables
et les brillantes qualités de son père se re-
nouvelèrent chez cette nature d'élite. La fermeté de son caractère était extrême. Elle
resta plusieurs jours sans boire, parce qu'on
ne lui permettait pas de ne faire usage que
d'eau pure. Elle s'abstint toute sa vie de vin
et de liqueurs spiritueuses.

A l'âge de dix-huit ans, elle dirigea seule

les affaires de l'Etat et elle le fit avec une grande hauteur de vues et avec une fermeté et un sang-froid remarquables. Malgré l'avis de ses ministres elle se décida à faire la paix avec le Danemark et avec l'Allemagne. Alliée de la France, le traité de Westphalie lui assura, en 1648, la possession de la Poméranie et de plusieurs autres provinces, et lui accorda trois voix dans l'assemblée de la diète de l'empire allemand. Les princes de l'Europe avaient pour elle de grands égards, et ils se fiaient autant à ses lumières qu'à la sécurité de ses alliances. Elle refusa de se marier, disant qu'il pourrait naître d'elle aussi bien un Néron qu'un Auguste. Elle se fit couronner et ne prit pas le titre de *reine*, mais bien celui de *roi*.

Elle choisit pour ses conseillers des hommes instruits et capables de bien la servir, sans tenir aucun compte des rangs et de la naissance. Le sénat suédois lui ayant fait à ce sujet quelques observations, elle répondit : « Il m'importe d'avoir des hommes capables de gouverner sagement cet empire, et non des nobles orgueilleux et ineptes. Que l'envie se taise et s'éloigne du trône où règne Christine; elle ne veut faire monter que la bravoure, les talents et la vertu. » Très liée avec les dames de la haute noblesse de France, aimant beaucoup le caractère et l'esprit français, elle attira Descartes à sa cour en qualité de bibliothécaire. Il l'instruisit dans la philosophie et lui inculqua les idées nouvelles. On lit dans une de ses lettres à mademoiselle de Montpensier les lignes suivantes : « Etant enfant, j'aimais l'étude et l'exercice ; ma santé et une forte constitution m'ont portée à m'y livrer evec confiance, et les lectures prodigieuses que j'ai faites m'ont rendue presque insensible aux plaisirs ordinaires des rois. »

Pénétrée de principes égalitaires et désireuse de pouvoir à loisir se livrer à l'étude approfondie des sciences et des lettres, elle abdiqua volontairement la royauté en 1654 devant l'assemblée de la nation, réunie à Upsal, ne se réservant que les revenus de quelques domaines. Elle avait alors vingt-neuf ans. Son cousin, Charles-Gustave, lui succéda. Elle avait favorisé de tout son pouvoir dans ses Etats le développement de l'instruction publique, devançant ainsi son époque d'un siècle. Elle créa des muséss, des collections scientifiques, des bibliothèques, des établissements artistiques et scolaires. Elle correspondait avec tous les savants de l'Europe.

Libre des soucis du pouvoir, elle se mit à voyager en Allemagne, en Italie, en France où elle visita les lettrés et les savants, où elle assistait régulièrement aux séances de l'Académie, fréquentant les bibliothèques et les Universités. Elle rentra en Suède, mais elle y fut reçue avec froideur et revint en France. A la mort de Jean Casimir, elle aspira au trône de Pologne, mais sans pouvoir l'obtenir. Elle se fixa alors à Rome, et se consacra exclusivement aux lettres et aux arts. Elle y fonda l'Académie des arcades et rassembla de précieuses collections d'objets d'arts, de manuscrits anciens, de tableaux de prix qui, à sa mort, en 1689, passèrent aux galeries du Vatican.

Les contemporains ont diversement jugé cette reine singulière. Elle avait de l'esprit mais elle jurait comme un vieux soldat. « Elle ne se peigne, dit un de ses familiers, que tous les quinze jours ; ses chemises et ses manches sont ordinairement tachées d'encre et déchirées..... sa taille est tout à fait irrégulière, elle est voûtée, elle a une hanche hors d'architecture ; elle boîte ; elle a le nez plus long que le pied, les yeux assez beaux, mais elle n'a pas la vue bonne ; elle rit de si mauvaise grâce, que son visage se ride comme un morceau de parchemin que l'on met sur des charbons ardents..... elle n'a pas la bouche laide, pourvu qu'elle ne rie point ; elle n'a pas soin de ses dents ; elle pue assez honnêtement pour obliger ceux qui s'approchent à se précautionner et à se parer de la main. Elle a pris une perruque noire. La manière dont elle est habillée n'est pas moins extraordinaire que celle de sa personne ; car, pour se distinguer de son sexe, elle porte des jupes fort courtes, avec un justaucorps, un chapeau, un collet d'homme ou un mouchoir qu'elle noue comme un cavalier qui va en partie ; et quand elle porte une cravate, comme les dames, elle ne laisse pas de fermer sa chemise jusqu'au menton et de porter un petit collet d'homme, avec des manchettes telles que nous les portons. »

LULLI

Jean-Baptiste Lulli, naquit à Florence en 1633. Ses parents étaient meuniers et l'on n'a pas de renseignements précis sur son enfance. Il errait en Italie, jouant du violon, comme le font encore, de nos jours un grand nombre de petits Italiens, lorsque le duc de Guise, qui voyageait en Italie, le rencontra par hasard. Il avait promis à mademoiselle de Montpensier de lui ramener un petit Italien pour l'amuser. Il le conduisit à Paris et le donna à son amie qui le relégua dans les cuisines de son hôtel, et qui s'amusait de ses gentillesses et de ses petits talents musicaux. Pendant les heures de loisir que lui laissaient ses occupations culinaires, l'enfant s'exerçait à jouer sur son violon les airs qu'il entendait dans les rues ou dans les soirées,

L'enfant s'exerçait à jouer sur son violon.   (P. 70.)

où il accompagnait sa maîtresse. Sa passion pour la musique lui donnait de fréquentes distractions qui attiraient sur lui les corrections des cuisiniers ses supérieurs et on le considérait à peine comme bon à surveiller un rôti à la broche.

Un jour Lulli jouait du violon et laissait brûler le rôti, le comte de Nogent, venu à la cuisine attiré par le son de l'instrument dans un lieu où il n'avait pas l'habitude de l'entendre, fut émerveillé du talent naissant de l'enfant; il le complimenta et annonça à Mlle de Montpensier qu'elle avait dans ses cuisines un petit artiste de mérite. Celle-ci fit donner à Lulli des leçons de musique et bientôt le jeune Baptiste fut admis au nombre des musiciens ordinaires de la maison. L'enfant passa ainsi quelques années dans la demie-domesticité, état si fréquent au xviie siècle pour les artistes et les hommes de lettres. Il grandit rapidement en savoir faire. Son esprit délié et sarcastique se révéla par quelques couplets dans lesquels il se moquait audacieusement de sa maîtresse dont l'existence aventureuse offrait, par certains côtés, prise à la

critique et aux plaisanteries. Melle de Montpensier le congédia immédiatement. C'est à
cette époque qu'il composa l'air connu de
tous aujourd'hui : *Au clair de la lune.* Lulli
passa à l'ennemi, il fut admis à la cour du roi
Louis XIV hostile à Melle de Montpensier, et
la réputation du jeune musicien grandit de
jour en jour; il fit partie de la troupe des
violons de la chambre du roi et bientôt le
monarque conçut pour lui la plus vive affection. Il composa pour la chambre du roi plusieurs morceaux qui furent alors très-applau-
dis. Louis XIV le chargea de rassembler et
de diriger une nouvelle bande de musiciens
qui prit le nom de : *petits violons du roi.* Une
autre troupe déjà ancienne à la cour portait
le nom de *grande bande.* Il réussit parfaitement
dans son entreprise et depuis lors on ne jouait
à la cour que des airs de Lulli.

Un jour Melle de Montpensier après avoir
fait sa paix avec le grand roi se promenait
dans les parcs de Versailles, examinant les
jardins récemment créés, appréciant leur heureuse disposition, critiquant un détail, en ad-
mirant un autre. Elle observa, en s'adressant

aux dames qui l'entouraient qu'un massif isolé serait bien plus beau s'il était surmonté d'une statue. Lulli ayant entendu cette remarque laissa continuer la promenade, mais il se cacha dans le massif et lorsque les dames revinrent pour rentrer au palais, il se deshabilla complètement, cacha ses vêtements et se plaçant sur un piédestal vide, se campa crânement, immobile, dans une attitude artistique de statue. Melle de Montpensier et les dames qui l'accompagnaient, remarquant de loin une statue là où elles n'avaient rien vu quelques instants auparavant, s'approchèrent rapidement pour admirer la merveille, mais elles reculèrent avec des cris en voyant que c'était Lulli. On parla de punir sévèrement le jeune homme, mais Melle de Montpensier s'y opposa et lui pardonna cette espièglerie.

Lulli avait dix-huit ans lorsqu'il fut chargé de diriger les *petits violons du roi*. Sa réputation était déjà bien établie et elle ne fit que s'accroître lorsque Louis XIV lui confia la direction du théâtre de l'Opéra qu'il créa à son intention. Lulli avait déjà composé des ballets très-appréciés, il était l'ami de Molière et il écrivit pour les pièces du célèbre comédien des partitions, des intermèdes et des divertissements musicaux que l'on joue encore de nos jours. Il devint, à la cour, l'homme indispensable. Il avait mille talents de société qui le faisaient rechercher par les plus grands seigneurs. Il jouait la comédie dans les pièces de Molière avec le plus grand succès, il créa les rôles de M. de Pourceaugnac et du Mufti dans le Bourgeois gentilhomme. L'entreprise de l'Opéra de Paris rapporta à Lulli des sommes considérables; il fit construire un théâtre spécial pour ses opéras et ceux qu'il composait avec Quinault. C'est aujourd'hui le théâtre de l'Odéon, près du Luxembourg. Il conserva la direction de l'Académie royale de musique pendant toute sa vie, mais il transporta au Palais-Royal, dont le théâtre devint vacant à la mort de Molière, la troupe de l'Opéra qui pendant longtemps occupa ce local. Lulli fut le véritable créateur en France de l'opéra, ce genre tout moderne qui a pris aujourd'hui un si grand développement. Il ne disposait pas alors des moyens d'instrumentation dont usent de nos jours les compositeurs; l'on n'employait alors que les violons, basses, hautbois et violes. Les instruments en cuivre et les instruments à anche n'étaient point alors en usage dans les orchestres.

Il mourut, le 22 mars 1687, des suites d'une blessure qu'il se fit au pied accidentellement, en battant la mesure avec sa canne, pendant l'exécution d'un *Te Deum* qu'il faisait chanter aux Feuillants, dans une église, située alors près du palais des Tuileries, à la suite d'une convalescence de Louis XIV. Cet accident considéré d'abord comme insignifiant, prit subitement un caractère alarmant. Un charlatan auquel M. de Vendôme, ami de Lulli, avait promis 2,000 pistoles s'il guérissait le célèbre compositeur, sans avoir recours à l'amputation du membre, opération que les médecins du roi désiraient exécuter, tua Lulli par des remèdes empiriques et extravagants.

Lulli a laissé dix-huit grands opéras en cinq actes, et un grand nombre d'autres morceaux de moindre importance.

On raconte sur Lulli plusieurs anecdotes

qui dénotent un esprit indépendant et sceptique. Un jour, au moment de la première représentation du *Temple de la Paix*, à laquelle le roi devait assister, il remarqua que le peintre qui avait exécuté les décors, ayant pensé bien faire, avait peint au-dessus du fronton du temple une chouette ainsi qu'il était d'usage d'en placer une sur les temples grecs. Comme Louis XIV avait pour symbole un soleil et non une chouette, et que la pièce était une apologie du roi et une sorte d'apothéose de sa gloire, Lulli considéra que l'oiseau de nuit était de mauvais goût dans la circonstance, et il ordonna d'effacer la chouette et de peindre en toute hâte l'astre du jour à la place. Mais l'heure de lever le rideau était arrivée, et Louis XIV attendait dans une pièce voisine pour entrer au spectacle en grande pompe. La salle était pleine de spectateurs de haut rang. Le roi envoya par deux fois prévenir Lulli qu'il attendait. Le gentilhomme de service vint dire sévèrement à Lulli : « Le roi attend! » — « Il en est bien le maître, répondit Lulli; qu'il attende tant qu'il lui plaira! »

Un autre jour, pendant une grave maladie qui mît sa vie en danger, son confesseur exigea, avant de lui donner l'absolution, qu'il mit au feu ses manuscrits d'Armède, opéra considéré alors comme une œuvre très légère et très corruptrice. Après bien des hésitations, Lulli s'y décida et les pages de musique flambèrent dans l'âtre. A ec moment entra le prince de Conti qui venait prendre des nouvelles du moribond. Le prêtre, fier de sa victoire, annonça au prince l'auto-da-fé. « Eh! mon pauvre Baptiste, s'écria Conti, comment as-tu pu brûler un chef-d'œuvre qui t'avait coûté tant de peines.

— Tranquillisez-vous, monseigneur, lui dit tout bas Lulli, à l'oreille, j'en ai gardé un double, je savais bien que l'opéra ne ris-quait rien. »

J.-J. ROUSSEAU

Jean-Jacques Rousseau, naquit à Genève le 28 juin 1712. La famille de son père était d'origine française. Elle avait été obligée de quitter la France à la suite des persécutions religieuses exercées contre les protestants. La mère de Rousseau mourut en lui donnant le jour. Son père, horloger de mérite reporta sur l'enfant toute l'affection qu'il avait pour sa compagne. « J'ignore, a écrit J. J. Rousseau, ce que je fis jusqu'à cinq ou six ans; je ne sais comment j'appris à lire; je ne me souviens que de mes premières lectures et de leur effet sur moi. Ma mère avait laissé des romans; nous nous mîmes à les lire après souper, mon père et moi. Il n'était d'abord question que de m'exercer à la lecture par des livres amusants; mais bientôt l'intérêt devint si vif, que nous lisions tour à tour sans relâche et passions les nuits à cette occupation. Nous ne pouvions jamais quitter qu'à la fin du volume. Quelquefois mon père, entendant le matin les hirondelles, disait tout honteux : « Allons nous coucher, je suis plus enfant que toi. »

Le jeune Rousseau fut élevé par une sœur de son père. Il s'adonna à la lecture des grands hommes de Plutarque, et cette éducation virile influa sur tout le reste de son existence. Les actions héroïques, le désintéressement, la grandeur d'âme des héros de Plutarque le transportaient d'enthousiasme. Il puisa dans cette étude des sentiments très puissants de courage civique et l'amour des vertus républicaines de l'antiquité. « J'y pris, dit-il, un goût rare et peut-être unique à cet âge; Plutarque surtout devint ma lecture favorite..... Les enfants des rois, ne sauraient être soignés avec plus de zèle que je le fus durant mes premiers ans, idolâtré de tout ce qui m'environnait et toujours, ce qui est bien plus rare, traité en enfant chéri, jamais en enfant gâté. Mon père, ma tante, mes parents, nos amis, nos voisins, tout ce qui m'environnait, ne m'obéissait pas, à la vérité, mais m'aimait, je les aimais de même. Mes volontés étaient si peu excitées et si peu contrariées, qu'il ne me venait pas dans l'esprit d'en avoir. Je puis jurer que, jusqu'à mon asservissement sous un maître, je n'ai pas su ce que c'était qu'une fantaisie. »

J.-J. Rousseau avait un frère pour lequel il éprouvait la plus vive affection. « Un jour

que mon père le châtiait rudement, écrit-il, je
me jetai impétueusement entre eux deux,
l'embrassant étroitement. Je le couvris ainsi
de mon corps, recevant les coups qui lui
étaient portés, et je m'obstinai si bien dans
cette attitude qu'il fallut enfin que mon père
lui fit grâce, soit désarmé par mes cris et
mes larmes, soit pour ne pas me maltraiter
plus que lui. »

Une espièglerie le fit condamner un jour à
aller se coucher sans souper : « Passant par
la cuisine, dit-il, avec mon triste morceau de
pain, je vis et flairai le rôti tournant à la
broche. On était autour du feu ; il fallut en
passant saluer tout le monde. Quand la ronde
fut faite, lorgnant du coin de l'œil ce rôti qui
avait si bonne mine et qui sentait si bon, je
ne pus m'abstenir de lui faire la révérence, et
de lui dire d'un ton douloureux : « Adieu
rôti ! Cette saillie de naïveté parut si plaisante
qu'on me fit rester à souper. »

Il fit quelques études classiques à Bossey,
chez un ministre protestant de village, nommé
Lambercier qui lui enseigna un peu de latin
et les éléments des sciences. « M. Lamber-

cier, écrit-il, était un homme raisonnable, qui, sans négliger notre instruction, ne nous chargeait point de devoirs extrêmes. La preuve qu'il s'y prenait bien est que, malgré mon aversion pour la gêne, je ne me suis jamais rappelé avec dégoût mes heures d'étude et que, si je n'appris pas de lui beaucoup de choses, ce que j'appris, je l'appris sans peine et n'en ai rien oublié. » Si J.-J. Rousseau apprit tout sans peine, c'est qu'il était doué par la nature d'une intelligence très ouverte, d'une sensibilité très heureuse, d'une mémoire considérable et d'un amour sincère et instinctif du beau et du vrai.

Comme il n'avait pas de fortune, il fallut lui apprendre un métier. On le plaça chez un greffier pour apprendre la procédure, mais il n'avait aucun goût pour cette profession. On le retira de chez le greffier et on l'envoya chez un graveur, où il ne brilla pas davantage. Son patron était, écrit-il : « un jeune homme rustre et violent, qui vint à bout, en très peu de temps, de ternir tout l'éclat de mon enfance, d'abrutir mon caractère aimant et vif et de me réduire, par l'esprit ainsi que par la fortune, à mon véritable état d'apprenti. Mon latin, mes antiquités, mon histoire, tout fut pour longtemps oublié; je ne me souvenais pas même qu'il y eût eu des Romains au monde. Les goûts les plus vils, la plus basse polissonnerie succédèrent à mes aimables amusements sans m'en laisser la moindre idée. Il faut que j'eusse un grand penchant à dégénérer, car cela se fit très rapidement, sans la moindre peine. » Ce n'était point que J.-J. Rousseau eut *un grand penchant à dégénérer*, mais les mauvais exemples sont toujours extrêmement funestes à l'enfance, et ce qui prouve que le jeune homme avait au contraire un bon naturel, c'est qu'il se releva par la suite d'une manière brillante et glorieuse de l'état d'abrutissement où son patron l'avait plongé. « La tyrannie de mon maître, continue-t-il, finit par me rendre insupportable le travail que j'aurais aimé et par me donner les vices que j'aurais haïs, tels que le mensonge, la fainéantise, le vol. Rien ne m'a mieux appris la différence qu'il y a de la dépendance filiale, à l'esclavage servile que le souvenir des changements que produisit en moi cette époque. Naturellement timide et honteux, je n'eus jamais plus d'éloignement pour aucun défaut que pour l'effronterie; mais j'avais oui d'une liberté honnête qui seulement s'était restreinte jusque-là par degrés et s'évanouit enfin tout à fait. J'étais hardi chez mon père, libre chez M. Lambercier, discret chez mon oncle; je devins craintif chez mon maître et, dès lors, je fus un enfant perdu. Accoutumé à une égalité parfaite avec mes supérieurs dans la manière de vivre, à ne pas connaître un plaisir qui ne fût à ma portée, à ne pas voir un mets dont je n'eusse ma part, à n'avoir pas un désir que je ne témoignasse, à mettre enfin tous les mouvements de mon cœur sur mes lèvres, qu'on juge de ce que je dus devenir dans une maison où je n'osais pas ouvrir la bouche, où il fallait sortir de table au tiers du repas et de la chambre aussitôt que je n'y avais plus rien à faire; où, sans cesse enchaîné à mon travail, je ne voyais qu'objets de jouissance pour d'autres et de privations pour moi seul. »

Un jour il s'attarda dans la campagne. Il

trouva en rentrant les portes de la ville fermées. Redoutant la colère de son patron, s'il rentrait le lendemain, l'enfant s'en alla à l'aventure. Arrivé à deux lieues de Genève, il rencontra par hasard le curé de Coufignon, M. de Pontverre, qui, s'apercevant qu'il était protestant, résolut de le convertir au catholicisme et qui le plaça chez madame de Warrens dont il avait tout récemment opéré la conversion. C'était une femme de vingt-huit ans, séparée de son mari. Elle envoya l'enfant à Turin dans un établissement spécialement organisé pour la conversion des protestants au catholicisme. Rousseau abjura sa religion et entra comme petit laquais chez la comtesse de Vercellis, puis chez le comte de Gouvon, qui, remarquant en lui une éducation très supérieure à sa condition, en fit son secrétaire. Il ne lui convint pas de rester dans cet emploi qu'il quitta brusquement, et il revint chez madame de Warrens qui le plaça au séminaire d'Annecy et le destina à l'état ecclésiastique. Il abandonna rapidement le séminaire et rentra chez madame de Warrens; celle-ci remarquant en lui de grandes dispositions pour la musique le fit instruire dans cet art, par un nommé Lemaître qui conduisit Rousseau à Lyon. En route Lemaître mourut subitement et Rousseau rentra de nouveau chez sa bienfaitrice. Mais celle-ci venait de partir pour Paris. Le jeune homme s'en alla à Lausanne, puis à Neufchâtel où il donna des leçons de musique. Un pèlerin passant par-là, se rendant à Jérusalem, l'invita à l'y suivre. J.-J. Rousseau accepta, mais arrivé à Soleure il constata que le pèlerin n'était qu'un vulgaire escroc. M. de Sonac, chargé d'affaires de France, devant lequel comparurent les deux voyageurs, surpris de l'intelligence et de l'instruction du jeune homme, l'envoya à Paris. Madame de Warrens venait d'en partir pour rentrer à Chambéry. J.-J. Rousseau se rendit à Chambéry où sa protectrice le plaça dans le service du cadastre. Il continua à habiter chez elle pendant plusieurs années. C'est là qu'il étudia, qu'il réfléchit, qu'il lut, qu'il se forma. Mais sa santé devint mauvaise. Son tempérament sensible et impressionnable l'emporta, il devint capricieux et rêveur, d'humeur inégale. On lui conseilla d'aller à Montpellier pour se guérir. Il y resta peu de temps et fut rapidement rétabli. Il vint à Lyon en qualité de précepteur des fils du prévôt général de Mably. Voici le portrait qu'il fait de ses élèves : « L'un, de huit à neuf ans, appelé Sainte-Marie, était d'une jolie figure, l'esprit assez ouvert, assez vif, étourdi, badin, malin, mais d'une malignité gaie. Le cadet, appelé Condillac, paraissait presque stupide, musard, têtu comme une mule et ne pouvant rien apprendre. On peut juger qu'entre ces deux sujets je n'avais pas besogne faite. Avec de la patience et du sang-froid, peut-être aurais-je pu réussir; mais faute de l'une et de l'autre, je ne fis rien qui vaille, et mes élèves tournaient très mal. Je ne manquais pas d'assiduité, mais je manquais d'égalité, surtout de prudence. Je ne savais employer auprès d'eux que trois instruments, toujours inutiles, et souvent pernicieux auprès des enfants : le sentiment, le résonnement, la colère. »

En 1741, il partit pour Paris, afin de chercher à éditer une comédie, *Narcisse*, qu'il venait d'écrire et un nouveau système de

notation musicale au moyen de chiffres, ces
œuvres le mirent en rapport avec des hommes
déjà célèbres. Il mena la vie des gens de lettres, besoigneuse, pénible, parcourant les
salons de Paris, vivant au jour le jour comme
il pouvait. Madame Dupin, la fille du fameux
banquier Samuel Bernard le prit pour secrétaire, puis madame de Broglie l'envoya à
Venise comme secrétaire de l'ambassadeur de
France. C'était pour lui une importante fonc-
tion qui le mit en relations avec de très grands
personnages. Mais son tempérament irras-
cible le perdit, il se disputa violemment un
jour avec l'ambassadeur qui le congédia.
Rentré à Paris, il reprit ses travaux littéraires,
écrivit les paroles pour des opéras, des ar-
ticles de journaux, des morceaux de musique, des ballets et divertissements scéniques.

Un jour en se rendant au Donjon de Vin-
cennes où son ami Diderot était enfermé, il
lut dans le « *Mercure de France* », qui était le
journal officiel de l'époque, que l'Académie
de Dijon proposait un prix au concours en
faveur de l'homme de lettres qui ferait le
plus beau discours sur le sujet suivant : « Le

progrès des sciences et des arts a-t-il con-
tribué à corrompre ou à épurer les mœurs? »
Ce fut pour lui comme un trait de lumière. Il
renonça à ses travaux antérieurs, et il se mit
à composer un ouvrage très remarquable
contre le progrès des sciences et des arts. Il
se prononça pour l'éducation en *pure nature*.
Il fit une critique acerbe, très littéraire et
très émue de la société de son temps. Il
obtint le prix de l'Académie de Dijon et sa
renommée s'en accrut. Sa réputation devint
européenne et son discours contre les sciences et les arts le plaça au rang des littérateurs les plus célèbres de son siècle. Il abandonna l'emploi lucratif de caissier qu'il
occupait chez M. de Francueil, fermier-
général et se mit à vivre d'une façon singulière. Il gagnait péniblement son pain en
copiant de la musique, refusant tout ce qu'on
lui offrait, emplois, présents, protections,
charges. Mais il fit bientôt représenter à
Fontainebleau un opéra dont il avait, chose
rare, composé la musique et les paroles, le
Devin de Village, qui eut un immense succès et
que l'on joue encore quelquefois de nos jours.

Le roi fut émerveillé de cette œuvre ; il donna une pension à Rousseau qui la refusa et qui se retira dans sa mansarde, fuyant les honneurs, le bruit, la fortune. En 1753, il publia sa *Lettre sur la musique*, son *Discours sur l'origine de l'inégalité des conditions*, et fit un voyage à Genève où il revint de nouveau au protestantisme. Fatigué du monde qu'il ne connaissait guère, il se retira chez Mme d'Epinay, à l'Ermitage de Montmorency. C'est là qu'il écrivit sa *Nouvelle Héloïse*. Passionnément épris de la nature, des vertus antiques, des joies pures de la vie des champs, il fit passer sa passion à toute la génération de son époque. Les Encyclopédistes, ses amis, cherchèrent à le tirer de sa retraite où son esprit se troublait et s'alanguissait dans des extases interminables et dans des rêveries sans fin à travers les bois de Montmorency. Il était devenu sombre et ombrageux; il crut qu'on lui tendait un piége; il s'enfuit de chez Mme d'Epinay; mais il accepta une nouvelle hospitalité à Montlouis, près de Montmorency. Il ne pouvait se détacher des sentiers verdoyants, des ombrages frais, du calme cham-

pêtre de cette région enchanteresse. Il écrivit
à Montlouis sa célèbre *Lettre à d'Alembert sur
les spectacles*. Il y attaquait Voltaire qui était
jaloux de la gloire naissante de Rousseau. Une
vive querelle de plume se produisit entre les
deux plus grands écrivains du XVIIIe siècle.
Elle se termina à l'avantage de Rousseau.
Mais sa santé était ruinée ; une maladie de
vessie qui lui occasionnait une gêne et des
souffrances continuelles, rendit son caractère
bizarre et fantasque. Il voyait partout des
ennemis, il était défiant, susceptible, har-
gneux, soupçonneux, injuste. Il publia le
Contrat social, *l'Emile* qui sont des chefs-d'œuvre. Ce dernier ouvrage fut condamné à Paris et à Genève. Il fut obligé de fuir la France
et de se réfugier dans le canton de Berne, d'où
il fut chassé. Il se retira au village de Motiers,
près de Neufchâtel, où le gouverneur lui
donna l'hospitalité. Il reprit là ses habitudes
nomades, étudiant la botanique dans les
champs, vêtu d'un habit d'arménien. Mais
l'intolérance le poursuivit encore. Forcé de
s'enfuir en Angleterre, il revint ensuite à
Paris en 1770, sans y retrouver les amitiés

et les triomphes d'autrefois. Des souffrances physiques et morales, la solitude, la vieillesse, la misère avaient fait de lui une sorte d'objet de répulsion. Il mourut subitement le 3 juillet 1778, à Ermenonville, où M. de Girardin lui avait donné l'hospitalité quelques semaines auparavant. Le 11 octobre 1794 ses restes, déposés dans un tombeau rustique situé dans une petite île de l'étang d'Ermenonville, furent transportés en grande pompe au Panthéon où ils reposent encore. Du monument funèbre qui contient les cendres de Rousseau, sort un bras décharné tenant une torche. Ce symbole du grand philosophe socialiste produit sur les visiteurs une vive et terrible impression qu'augmente encore l'aspect lugubre des caveaux du Panthéon.

Bien que les restes de Rousseau ne soient pas à Ermenonville, ce lieu est encore aujourd'hui le but de pèlerinages pieux de la part des admirateurs du grand homme et de nombreux étrangers.

En 1815, lors de l'invasion, le général en chef de l'une des armées ennemies, arrivant près d'Ermenonville, demanda si c'était là que J.-J. Rousseau était mort. Sur la réponse affirmative qu'on lui fit, il déclara que : « Tant qu'il y aurait des Prussiens en France, Ermenonville serait exempt de toute contribution et de toute corvée de guerre. » Il se rendit au tombeau du philosophe et manifesta la plus grande vénération.

DE LA HARPE

Jean-François de La Harpe, naquit à Paris, le 20 novembre 1739, de parents pauvres. Il fut recueilli par des religieuses à la mort de son père, qui était originaire d'une noble famille du canton de Vaud, en Suisse, et qui mourut dans la misère après avoir servi en France, en qualité de capitaine d'artillerie.

Présenté tout enfant à M. Asselin, directeur du collége d'Harcourt qui fut frappé de son intelligence et de son savoir précoces, il fit ses études en qualité de boursier et se signala par de surprenants succès scolaires. En rhétorique, il obtint tous les prix et notamment le premier prix d'honneur; l'année suivante il en fut de même, bien qu'il eut à concourir avec de nouveaux condisciples très instruits et très appliqués. Ces rares succès classiques attirèrent sur l'enfant l'attention du public universitaire, mais un événement inattendu produisit un violent chagrin à l'élève. Quelques-uns de ses camarades s'amusèrent un jour à écrire une pièce de vers contre l'un des professeurs du collége d'Harcourt. Ils la montrèrent à La Harpe qui, remarquant quelques fautes de style et de versification, la corrigea de sa main. On l'accusa d'avoir fait la pièce et comme peu de temps après une autre morceau de poésie fut publié dans le collége contre le directeur lui-même, M. Asselin, l'on prétendit que La Harpe en était l'auteur et qu'il avait manqué à tous ses devoirs envers son bienfaiteur. Les choses prirent une gravité incroyable. M. de Sartines, lieutenant-général de police, évoqua l'affaire et fit enfermer le jeune homme à la prison de Bicêtre, puis à celle de Fort-L'Evêque. Malgré ses protestations, La Harpe subit une captivité de six mois. Enfin l'on eut la preuve que le prisonnier n'était pas l'auteur du libelle et on le rendit à la liberté, mais son caractère devint sombre et vindicatif. Il entra dans la vie le cœur meurtri et plein d'amertume. A vingt ans, il avait déjà publié un volume de poésie : *les Héroïdes* dans lequel il attaquait audacieusement le savant Fontenelle. Il s'attira de la sorte des ennemis redoutables à un âge où l'on a besoin des conseils de ses devanciers et de la bienveillante sollicitude de tous. Puis, il fit la tragédie de *Warwick*, qui eut un grand succès. Elle était conçue dans le genre des tragédies de Voltaire. Quelques autres pièces qu'il fit ensuite représenter trouvèrent, un public moins bien disposé et plus difficile. Il se rendit alors à Ferney où habitait Voltaire, qui le traita en enfant gâté et lui prodigua les conseils et les encouragements. Il accepta du jeune homme des modifications de style pour quelques-unes de ses œuvres.

Il quitta le vieux sceptique qu'il appelait son *papa*, et rentra à Paris, où il créa le genre très connu aujourd'hui sous le nom de *Critique littéraire*. Il écrivit dans le journal *le Mercure,* des études qui furent très remarquées, mais qui provoquèrent des polémiques, notamment de la part du littérateur Fréron, qui appelait La Harpe *bébé*, du nom du bouffon du roi de Pologne, qui, comme La Harpe, était tout petit de taille et très laid. Les sarcasm e s et les attaques de La Harpe, contre les mauvais poètes et les littérateurs de mauvais aloi, n'eurent plus de bornes, il dépassa même quelquefois la mesure convenable, ce qui lui suscita des difficultés et des déboires journalières. Pour y mettre un terme, il cessa ses critiques et revint aux pièces de théâtre; mais comme il s'était fait beaucoup d'ennemis, la censure refusa de laisser jouer son drame de *Mélanie*. Cette pièce, précisément parce qu'elle était interdite, eut un grand succès dans les salons où on la jouait par esprit d'opposition contre le gouvernement et contre la censure.

L'Académie française, elle-même, prit parti pour La Harpe, bien que la pièce en elle-même n'eut pas une grande valeur, et elle fit au jeune littérateur l'honneur de le faire asseoir dans l'un des quarante fauteuils de la docte assemblée. Les attaques jalouses recommencèrent contre le nouvel académicien. A la séance même de sa réception, le savant, Marmontel, chargé de faire le discours d'usage, fit l'éloge de Colardeau, l'académicien qui avait précédé La Harpe dans son fauteuil. Par une malignité toute académique, Marmontel insista tout particulièrement sur les qualités spéciales qui manquaient à La Harpe, la douceur du caractère, l'aménité des relations, l'indulgence, la modestie, la tolérance, l'esprit de concorde, le soin attentif qu'il mettait « à ne pas rendre pénible aux autres l'opinion qu'il avait de lui-même. »

Les journaux firent au nouveau récipiendaire une guerre d'épigrammes et de quolibets acerbes. Ils lui rendirent œil pour œil, dent pour dent, les traits aigus dont il accablait les publicistes. L'un d'entr'eux, Gilbert, le peignait :

> Tout meurtri des faux pas de sa muse tragique
> Tombant de chute en chute au trône académique.

La Harpe sut s'élever au-dessus des invectives et des sarcasmes spirituels de ses ennemis. La bonne opinion qu'il avait de lui-même, lui fit considérer les offenses comme dignes de dédain. Il ne répondit pas et laissa passer l'orage, se drapant dans une majesté sereine que l'on n'attendait pas du tout de lui. Les attaques recommencèrent avec violence à la suite d'un article que La Harpe publia dans *le Mercure*, jugeant Voltaire, mort depuis peu, avec beaucoup moins de respect que l'on ne l'attendait de la part d'un ami intime. Un autre article dans lequel La Harpe faisait lui-même l'éloge d'une de ses tragédies, provoqua un haro général qui força la direction du *Mercure* à lui refuser les colonnes de ce journal.

Après tant de travaux divers, suivis de tant de vicissitudes, La Harpe trouva enfin le véritable genre qui convenait à son talent, la conférence littéraire. On créa une chaire pour lui au collége de la rue Saint-Honoré, et il fit là un cours de littérature qui fut extrèmement suivi. Ce fut la première institution de ce genre en France. Les Villemain, les Saint-Marc Girardin, les de Homénie, les Philarite Chales, ont été de nos jours les continuateurs de La Harpe dans ce genre classique. Ce qu'il y a de plus remarquable dans les cours de littérature de La Harpe, c'est la perfection à laquelle il est parvenu dans la connaissance du XVII⁰ siècle. Il est arrivé à s'identifier en quelque sorte avec cette grande époque. Il semble qu'il ait vécu avec Racine, Boileau, Molière, La Fontaine, tant il les connaît bien. Il fit revivre, aux applaudissements de ses contemporains, le siècle de Louis XIV avec un merveilleux à propos. Il jugeait les hommes et les œuvres du grand siècle en tenant compte des temps et des circonstances précises au milieu desquelles ils se produisaient, ce qui est la meilleure manière de juger. Il est, en effet, très injuste d'apprécier une époque, un homme de lettres ou un homme politique avec les idées que l'on a cent ou deux cents ans après. La difficulté pour le critique et pour l'historien est de pouvoir arriver à se placer exactement dans le milieu intellectuel et social des événements ou des personnages dont il parle. La Harpe avait ce talent si difficile et c'était à force de travail et d'études, qu'il était parvenu à le réaliser.

La Révolution de 1789 trouva La Harpe dans sa chaire de collége. Il adhéra immédiatement aux idées nouvelles, mais les exagérations et les troubles qui se produisirent l'épouvantèrent, et il se jeta dans la réaction à la suite de l'emprisonnement qu'il eut à subir au Luxembourg sans qu'il eut jamais su ce qu'il avait pu faire peur mériter ce châtiment imprévu. La persécution imméritée dont il fut la victime fit de lui un monarchiste, la peur fit de lui un dévot. Au 18 brumaire, Bonaparte ayant fait triompher le parti de la réaction contre-révolutionnaire, il fut appelé de nouveau à sa chaire de littérature, mais son ancien auditoire avait disparu; il était mort, exilé, émigré ou enrôlé dans les armées. Il mourut en 1803, à Paris. Il avait été marié deux fois et deux fois il avait divorcé. Il laissa de très nombreux ouvrages qui sont lus avec fruit, de nos jours, par la jeunesse studieuse des écoles et par les professeurs de littérature française.

FIN.

TABLE

Duguesclin.	5
Amyot.	20
Le Tasse.	25
Agrippa d'Aubigné.	31
Gassendi.	38
Descartes.	42
Turenne.	50
Blaise Pascal.	56
Christine de Suède.	64
Lulli.	70
J.-J. Rousseau.	77
De La Harpe.	92

FIN DE LA TABLE.

LIMOGES. — Imp. E. Ardant et Cⁱᵉ.

CONTES

DE LA

FAMILLE

PAR LES FRÈRES GRIMM

TRADUCTION REVUE

PAR E. DU CHATENET.